谷园 著

谷园讲经典

简易经

人人都读得懂的易经

民主与建设出版社

· 北京 ·

图书在版编目（CIP）数据

简易经：人人都读得懂的易经 / 谷园著 . -- 北京：
民主与建设出版社，2023.3

ISBN 978-7-5139-4125-9

Ⅰ . ①简…　Ⅱ . ①谷…　Ⅲ . ①《周易》—通俗读物
Ⅳ . ① B221-49

中国国家版本馆 CIP 数据核字 (2023) 第 040672 号

简易经：人人都读得懂的易经
JIANYIJING RENREN DOU DUDEDONG DE YIJING

著　者	谷　园
责任编辑	王　倩
封面设计	昇一设计
出版发行	民主与建设出版社有限责任公司
电　话	（010）59417747　59419778
社　址	北京市海淀区西三环中路 10 号望海楼 E 座 7 层
邮　编	100142
印　刷	三河市龙大印装有限公司
版　次	2023 年 3 月第 1 版
印　次	2023 年 7 月第 1 次印刷
开　本	710 毫米 ×1000 毫米　1/16
印　张	19.5
字　数	242 千字
书　号	ISBN 978-7-5139-4125-9
定　价	88.00 元

注：如有印、装质量问题，请与出版社联系。

《易经》是中国式励志的源头

网上流传着一段李小龙某次参加电影公司面试的视频，当时李小龙正向面试官介绍功夫，并将功夫比作水。水是最柔软的物质，却能穿透最坚硬的岩石，它能灵活地改变自己来适应周围的环境。

很多人看到这里时，都会想到老子的"上善若水"，发现功夫之王李小龙不但有一身好拳脚、真功夫，还能将功夫上升到哲学。

这使我想到一个问题：任何事物，一旦玩进去，玩到最深处，必然是玩哲学。搞体育、玩艺术、干政治、做企业等，概莫能外。

日本人在这方面的意识似乎尤其强烈，玩个书法就能出个书道；玩个插花就能出个花道，都强调其中的道，颇具哲学的意味。

现代派艺术常常让人看不懂，一张大白布般的画作就能卖上千万元，凭什么呢？往往就凭作者对它有一番哲学层面的解释，忽悠得人们也感叹：哇，这么高深，值！

当然，大艺术家不是靠忽悠的，大艺术家必是大思想家。我喜欢艺术，但并不精通，以前对大画家吴冠中了解很少，只知道他的画不俗、很美。

当我偶然看见吴冠中的一个纪录片，听到他那个著名的观点——"笔墨等于零"时，便心头一震：这就是哲理啊，把传统观点认为最有价值的东西归零，再打开新天地。之后，又看了一些画论的资料，发现几乎每位大画家都有哲学层面的思考。

企业家也不例外，日本稻盛和夫近年在国内名气很大，这不是因为他的产品有多少国人在用——连他那两家世界五百强公司究竟是做什么的，多数人也不知道，甚至对他引以为傲的阿米巴管理，有兴趣的人也不是太多。他的名气与讲活法、讲哲学有关。而他讲的究竟是什么哲学呢？恰恰是中国自己的哲学：儒家的、王阳明的。

中国企业家中能像稻盛和夫这样把哲学讲出道来的似乎还不多，但很多企业家同样在作哲学层面的思考。

海尔的张瑞敏被盛赞为"管理大师"。那么，张瑞敏的管理思想受益于哪些书？据张瑞敏自己讲，国外的主要是德鲁克的著作，而国内的就是《道德经》《论语》《孙子》，还有《易经》。他自己没有讲出来的，应该还有一个"体"与"用"的关系，即以中国传统哲学为体，以西方现代管理思想为用。这是我读他的思考实录的一个体会。

那么，哲学是什么呢？说到底，它就是对于规律的一些基本认识。玩任何一种东西，开始时可能只凭着一种感觉，如爱好、激情、欲望、虚荣、迷恋，所谓"乱拳打死老师傅"，蛮干硬闯，也可能做得很好，但肯定不稳定。

等时间久一些，才会发现其中有一些门道，有些规律可循，这时就算有经验了。但是看到的这个"规律"靠得住吗？它的背后是不是有一个更本质、更可靠的规律呢？这时，就到了哲学层面。最终，在这个层面领悟和把握的东西，反过来会成为玩这个东西的一种支撑。

那么，怎样玩哲学呢？怎样从哲学层面领悟和把握自己正在玩的东西呢？《大学》里有句话很重要：

"物有本末，事有终始，知所先后，则近道矣。"

意思就是，凡事要善于从根本处、起始点、源头上着手。

就像治病，得找到病根，要清楚这种病是怎样一步一步发展到眼下这种情况的，才能对症下药。

就像学作曲，得从音符开始，一点点再学习复杂的。学习到一定程度时，随便拿一段旋律，就能从里面把这些音符分辨出来；或者随便一玩，就可以把这些音符谱成一段乐章。

就像学英文，得从26个字母开始，它们是最简单的，但再复杂的单词、语句和文章也不过由26个字母组成。

也像学数学，为什么1+2=3？因为1+1=2。为什么一道复杂的微积分题最终有一个得数，归根结底是因为1+1=2。那么，为什么1+1=2呢？对于普通人来讲，问题到这儿就到头了，它"不证自明"。

按老子的《道德经》来讲，他的整个思想几乎就是源于《易经》的谦卦，其精髓**"反者道之动，弱者道之用"**明显源于《易经》的复卦。

孔子就更不用说了，《史记》中记载他读《易经》时"韦编三绝"，说的就是编竹简的绳子被他翻断许多回的故事。《论语》里则记载了他自己所讲的："加我数年，五十以学《易》，可以无大过矣。"意思是他要是能再多研究几年《易经》，人生便不会再有什么问题。而《易经》文本中"传"的部分，两千年以来，学者们几乎都认为它出自孔子之手，是孔子学习《易经》的心得。

继老子和孔子之后，后世学者更多的是在继承的基础上，结合新的时代、新的实践有一些发挥性的创作。王阳明、曾国藩也是如此，他们都曾在《易经》上下过大功夫，并受益匪浅。

"龙场悟道"虽著名，但少有人知道，当时王阳明之所以能够悟道，恰恰是从《易经》中得到了启发，**他给自己住的那个山洞取名"玩易窝"**——玩《易经》的窝，还写了一篇《玩易窝记》来记述悟道的体验。

曾国藩传世的日记中则详细记叙了自己学习《易经》的情况。1841年10月28日午饭后，曾国藩和几个朋友到琉璃厂买了一套李光地主编的《周易折中》，然后他花了一年时间把这套书精读了一遍。此后的几十年里，曾国藩几乎每年都会拿出《周易折中》来温习，直到1872年正月，他用二十天时间又温习了一遍，十几天后，就去世了。曾国藩在日记中也记录了不少读《易经》的心得，比如，他认为乾、坤、颐、损、益、鼎这六卦对于养生最有意义，偶尔还会亲自占卦，以帮助决策。

大儒朱熹有句诗："问渠那得清如许，为有源头活水来。"为什么老子、孔子、王阳明、曾国藩的思想这么让人着迷？是因为都有《易经》这个伟大的源头。

好比大厨做出一道好菜，如果食客把菜吃了，会感叹一通："啊，太好吃了！"也算是一种美妙的体验了。但是如果想学大厨的手艺，那么最起码要看这道菜用的是什么食材。所以，《易经》是必须要看的。

问题又来了：《易经》看得懂吗？

综上所述，如果《易经》是"源头"，那么这个"源头"复杂吗？那几个音符复杂吗？ABC字母复杂吗？1+1=2复杂吗？黄河、长江的源头不过是一泓清冽的甘泉，人生的源头不过是一个婴儿无邪的笑容。儒家讲，"道不远人"；道家讲，"大道至简"。哲学的特点就在于简易啊！

《易经》确实设置了一个门槛，也可以理解为一个蛋外面有坚硬的壳，一封电报经过了加密处理。这很正常，世上哪有露天放着的珍宝呢？不过请读者放心，本书已经把"壳"剥了，保证读者看得懂、学得会、用得上。

退一步讲，看不懂又如何？就像宇宙中有无数的问题，正因为不懂、不明白，才会激发人类不断探索的激情，让智慧不断增长。这可能正是《易经》的魅力所在。

几年前，我开始写《吃透曾国藩》，当写到这里时，我想到了卡耐基。曾国藩的励志与卡耐基的西式励志又有很多不同。于是，我归纳出"中国式励志"的理念，并且为《吃透曾国藩》一书写了一篇名为《修身是中国式励志的主题》的序言。

之后，我继续探究塑造出曾国藩精神与思想背后的力量，儒、释、道、法各家都有，但最主要的是儒家，是由《论语》《大学》《中庸》《孟子》组成的四书。于是，我整理了《人生四书》一书，将国人最基本的人生观、世界观、家庭观、财富观、修身之道、做事之道、学习之道都捋开搭建了"中国式励志"的框架，并为该书写了一篇名为《中国式励志的根本在儒家》的序言。

接下来，我没有在与儒家平行的道家或法家停留，而是被一股力量吸引着，来到中华文明的源头。它是神秘的，它就应当是神秘的！《易经》只用两个至简的符号，便开创出了一个包罗万象的伟大体系。它只用两句朴素的话，就讲出了这个民族所有的秘密：

天行健，君子以自强不息；

地势坤，君子以厚德载物。

写到这里，我忽然想起一段诗句：为什么我的眼里常含泪水？因为我对这土地爱得深沉。

《易经》是中国式励志的源头，我深以为傲。

谷　园

2022年12月

天行健，君子以自强不息

如果只用一句话来概括"中国式励志"乃至整个中华民族的精神，莫过于《易经》中的这句："天行健，君子以自强不息。"

第一，它提出了中华文明的天人框架。

天即客观，表示宇宙、自然、规律；人即主观，要保持与天的和谐互动。

第二，它提出了人生的根本在于自我内在的努力和提升。

儒家的"内圣外王""反求诸己""求其放心"，道家的"自知者明""自胜者强"都在强调这种认知。

第三，它提出了人生的本质是一种恒久不息的状态。

《易经》六十四卦以"未济"卦结尾，表示一切才刚刚开始。所以，儒家追求"三不朽"；道家的理想则是"不失其所者久，死而不亡者寿"。

第四，它提出了人生的意义在于发展创新。

自强不息，就是要在特定的人生背景下，实现人生价值的最大化。

第五，它确立了中华文明特有的极简主义的语言风格。

能用一个字讲的，绝不用两个字，言有尽而意无穷，常能将读者拉进文字中，与作者一起思考、玩味。

总之，"天行健，君子以自强不息"包含了中华文明的诸多基本元素。而它，不过是《易经》中的一句而已。

历代以来，对《易经》的解读异彩纷呈，仁者见仁智者见智，仅我参考的就有唐代的李鼎祚，宋代的程颐、苏轼、朱熹、杨万里，清代的王夫之，现代的黄寿祺，当代的刘大钧等学者的十几种著作。

最终，在我心中，《易经》是励志的源头，是思考之书。对此，在本书的第二部分"九翼辑要"里我作了较详细的分析。不过，我还是希望读者先读第一部分"经·大象"，能够直入经典，览其大象，这样会更有味道，更有新鲜感。

当然，若读者对《易经》一点了解也没有，就得先把下面这些阴阳八卦的符号和意义看两三遍。它们是《易经》的基础，阴阳组成八卦，八卦组成六十四卦。这六十四卦的卦象、卦辞和爻辞，就是《易经》的经文。

阴阳：

—— 阳爻，表示阳；

— — 阴爻，表示阴。

八卦：

☰ 乾，表示天；

☷ 坤，表示地；

☳ 震，表示雷；

☴ 巽，表示风，也表示木；

☵ 坎，表示水，也表示云；

☲ 离，表示火，也表示电；

☶ 艮，表示山；

☱ 兑，表示泽。

可以先阅读最后一篇"简易预测法"，按照该章节内容先占卜一卦，感觉会更奇妙。

目　录

contents

九翼辑要

经·大象

乾：龙的奋斗

| 经文 | 直译 |

【乾】元，亨，利，贞。

【初九】潜龙勿用。

【九二】见龙在田，利见大人。

【九三】君子终日乾乾，夕惕若，厉无咎。

【九四】或跃在渊，无咎。

【九五】飞龙在天，利见大人。

【上九】亢龙有悔。

【用九】见群龙无首，吉。

【象曰】天行健，君子以自强不息。

【乾卦】元始，亨通，有利，贞固。

【初九】龙潜于水底，才能无法施展。

【九二】龙出现在田野之上，利于见大人。

【九三】君子整天努力，晚上依然很警惕，面对危险才能免予祸患。

【九四】既可以腾跃上进，也可以退守深水，皆无祸患。

【九五】龙高飞上天，利于见大人。

【上九】龙飞过极，将有悔恨。

【用九】群龙同现，而无首领，吉祥。

【大象】乾卦如天行刚健，君子要自强不息。

| 诠释 |

乾表示天，这个卦象中两个乾叠在一起，可谓天外有天。圣人的思绪由此引向浩渺的宇宙，日月星辰、无数星系在亘古不变地运行，从未停滞，从未懈怠。如果把宇宙想象成一个人，那么，这个人定然是阳刚的、强健的。圣人认为，这种阳刚、强健就是宇宙精神、宇宙意志，它具备元、亨、利、贞四大特性。

元，一切进步的发端。

亨，一切幸福的汇聚。

利，一切收益的基础。

贞，一切永恒的前提。

人只有永远秉持这种精神意志才能实现生命的价值。于是，圣人浩叹，"天行健，君子以自强不息"。

圣人把自强不息的人生比喻为龙的奋斗，并且划分成由弱至强的六个阶段。

第一阶段：潜龙勿用。

开始时，你还是一条小龙，虽然具备龙的一切基因和潜质，但比较弱，实战能力还很差，甚至可能不堪一击。这时，最明智的选择是沉潜于深深的水底。其他的龙可能在呼风唤雨，并被人们所崇拜了，而你还在人们的视野之外。

所以，寂寞是难免的，可能还会有几分自卑。你渴望出人头地，一展身手，但欲速则不达，板凳要坐十年冷，只能暗暗使劲，努力学习，积极实践，不断蓄备能量，静待时机。

第二阶段：见龙在田。

怀才就像怀孕，到了一定的月份时，自然就会被人看出来，挡都挡不住。这时，金子发光了，小龙的金鳞露出水面，水面下已是强壮矫健的身躯。崭露头角在于你具备了一定的价值——被人利用的价值。弱者会主动依靠你，以得到利益；强者也会主动支持你，让你变得更强，从而为其带去更大的回报。

第三阶段：终日乾乾。

圣人讲，这个时期是"上不在天，下不在田"，上不着天，下不着地，不上不下，最难受。事业方面，正在上升期，这一步上去了就成功了，没上去就可能前功尽弃。

家庭方面，父母进入老年，当他们中有人病倒时，你才会猛然意识到"上有老"。这时，不论你实际年龄有多年轻，你的心已经到了中年。青春最美好，而美好总是稀缺短暂的，一不留神就人到中年。2013年的一些经历让笔者终生难忘，也是在这一年，笔者有了最深的感触，怎么办？这个阶段的人是全家顶梁柱，再忙、再累都要挺住。

第四阶段：或跃在渊。

经历了此前炼狱般的磨砺，龙已经老练、强大。年轻时的目标已经差不多都实现了。有时甚至不敢相信，你已经做到了！但你不会停下，接下来的目标，是叫作"梦想"的东西，是在金字塔塔尖上的，你要发起挑战。对于这次挑战，圣人提醒你要看准时机。可能只有一次机会，成功就成功了，不成功最高点也就如此了。

第五阶段：飞龙在天。

巨龙腾飞，万众瞩目，你站到了金字塔塔尖上，被很多人关注，也为很多人服务。如此成功，是极少数人才能做到的。就像彩票的头奖，只要你去抓了，谁敢说你一定抓不到呢？所谓万一实现了呢？

第六阶段：亢龙有悔。

飞龙在天当然风光无限，但高处不胜寒，不能总是飞着，要不就得冻死、累死。站到金字塔塔尖上喊两嗓子，再刻上"到此一游"，也就可以了，还在上面待着有什么意思呢？然而，人之所以能在竞争中胜出，往往因为他有强烈的求胜心，这样的人骨子里习惯了向上，根本没有想过要下来，这就是亢啊。

亢就是亢奋，前进、前进、再前进，直到付出惨痛代价。看史书时会发现，有些英雄豪杰要么自己被杀，要么两三代后被夷三族。诸葛亮这么有智慧，他的儿孙在蜀国被灭时，照样被杀害。如今的英雄豪杰们也有很多不懂进退出处、晚场善收的人，仍不免风光一时却晚景凄凉。

而且，最终你会发现，人们都在与生命赛跑，你得到的一切都不及你失去的生命更有价值。**生、老、病、死，人生只占其一，后面三样，你有准备吗？**

最后，圣人总结：见群龙无首，吉。

你不孤独，这个世界上有无数奋斗的龙，都有着阳刚、强健、自强不息的精神，都在以各自的方式，向着更为崇高的理想和未来前进。天高任鸟飞，海阔凭鱼跃，万类霜天竞自由。谁都有可能走到最前面，谁也不可能永远走在前面，这是一个有着无限可能的世界，这是一场五彩缤纷的人生大戏。

无论如何，奋斗的人生是伟大的。

坤：大地的启示

| 经文 | 直译 |

【坤】元，亨，利牝马之贞。君子有攸往，先迷，后得主，利。西南得朋，东北丧朋。安贞，吉。

【初六】履霜，坚冰至。

【六二】直、方、大，不习，无不利。

【六三】含章可贞。或从王事，无成有终。

【六四】括囊，无咎，无誉。

【六五】黄裳，元吉。

【上六】龙战于野，其血玄黄。

【用六】利永贞。

【象曰】地势坤，君子以厚德载物。

【坤卦】元始，亨通，有利于阴性事物之贞固。君子有所行动，抢先则迷惑，随后则得主，有利。往西南方向走可得到朋友，往东北会丢失朋友。安定守正，吉祥。

【初六】踩到霜，则坚冰将至。

【六二】直厚、方正、广大，顺其自然，无所不利。

【六三】蕴含文采，可守贞固。可辅助王事，不以成功自居，可得善终。

【六四】扎紧袋口，既无灾祸，也无称誉。

【六五】黄色裙裳，大吉祥。

【上六】龙战于郊野，流下黑黄色的血。

【用六】利于永久贞固。

【大象】坤卦如大地之势，君子要厚德载物。

| 诠释 |

坤表示地。在这个卦象中，坤下面还是坤，大地之下仍是大地。在古人眼中，大地与宇宙一样是无限的，天有多高，地就有多厚。正因为大地无限宽厚博大，所以才能孕育并承载万物，包括无数的山川、河流、动物、植物等，当然还有人类。

孕育就必然包容，承载就必然坚实处下，这就是大地的品质。圣人认为，君子要以这种品质"厚德载物"，承担起人生的责任，并且分享了从大地得到的六个启示。

第一个启示：履霜，坚冰至。

《资治通鉴》开篇就引用了这句话，并成为人类历史发展的一个注脚。

当你的小脚丫第一次踩在大地上时，人生的路便开始了。然而，你知道吗？你向未来迈出第一步时，那终点看似遥远、神秘，却已愈行愈近。就像当你踩到深秋第一夜的寒霜时，严冬就已在眼前了。

不论国家大事，还是平民小事，凡事皆在时间的轴线上向某一个方向发展，起点、路径、终点是一个整体，种下怎样的种子，必然收获怎样的果实，这正是《易经》的立论之基。第一步很重要，必须走好。对于事物发展的趋势有大致的判断，是基本的智慧。

第二个启示：直、方、大。

直，意思是大地是厚重的，也是直率的，它大大方方袒露自己，没什么遮掩，光明磊落，地平线永远都是直的；方即天圆地方，古人认为大地是方正的，方正的东西坚实可靠，不同于圆的东西，会滚会转，靠不住；大即广大，广大才能包容。做人也当如此，厚重而光明、正直而坚实、广大而包容，这样的人将是无往而不利的。

第三个启示：含章可贞。

大地的能量在哪儿？在地心。把自己的美好品质隐藏起来，是一种生存智慧。不断提升内在的美好品质，更是一种生存智慧。践行这样的智慧，必然赢得长远，赢得未来。

第四个启示：括囊。

拿口袋装粮食，装满后，用细绳把袋口系住，这就是括囊。大地就像这个口袋，它只管装自己的粮食，装完后，把口系好，就完了，什么话也没有说。只做不说。所有的光荣与罪恶都在大地上发生，可曾有归功或归罪于它的吗？没有。

若一个人做了很多事，随之，毁誉也会纷至沓来，但他只是做事而已，不去在意自己的功过，这是了不起的；若一个人做了很多事，但没有人知道是他做的，也没有人把功过归于他，这是更加了不起的。

括囊还有一种意思，就是退守。人生就像赌博，要不断地下注，中间有输也有赢，谁也不知道自己最终能剩下多少，括囊在这里意思就是把口袋一系，不再下注了，不论输赢多少，都收手了。

第五个启示：黄裳，元吉。

秋天的原野，一片金黄，好像大地穿上黄色的衣裳。秋天天高气爽，云淡风轻，是成熟的季节、收获的季节。人的成熟，何尝不是如此？经历了纷繁的人生历练后，最后在收获的季节里，迎来自己的成熟，回归平淡的心境。

第六个启示：龙战于野，其血玄黄。

世界的真相中永远有血，一寸山河一寸血。大地上上演的永远是优胜劣汰、弱肉强食。任凭你如何地谦虚、退让，如何地专注于自我，都不能够独善其身。真正的勇士，能够直面惨淡的人生，因为在一派温情脉脉的背后，永远都存在残酷竞争的真相。

这六个启示，沿岁月而展开，概括了人的一生。

《乾》《坤》两卦是《易经》的总纲。

乾为阳，重外，强调积极做事，是一个外部上升的过程，是儒家的基调。

坤为阴，重内，强调低调做人，是一个内部完善的过程，是道家的基调。

一阴一阳之谓道，二者互为补充，互相生发，这就是《易经》的大象，是中国文化的核心，也是对整个人生的概括。

屯：万事开头难

| 经文 | 直译 |

【屯】元，亨，利，贞，勿用有攸往，利建侯。

【初九】磐桓，利居贞，利建侯。

【六二】屯如邅（zhān）如，乘马班如。匪寇婚媾（gòu），女子贞不字，十年乃字。

【六三】即鹿无虞，惟入于林中。君子几，不如舍。往吝。

【六四】乘马班如，求婚媾，往吉，无不利。

【九五】屯其膏，小贞吉，大贞凶。

【上六】乘马班如，泣血涟如。

【象曰】云雷，屯；君子以经纶。

【屯卦】元始，亨通，有利，贞固，不宜行动，利于封建诸侯。

【初九】盘桓，利于居静守正，利于封建诸侯。

【六二】行路艰难，乘马的人纷纷而至，不是打劫的，是来求婚的。女子守贞不嫁，十年后才嫁。

【六三】追鹿而无向导，空入林中。君子见机行事，不如舍弃。执意坚持，将有遗憾。

【六四】乘马纷去，求婚配，前往则吉，无所不利。

【九五】草创成功膏泽施人，柔小则贞固吉祥，刚大则贞固防凶。

【上六】乘马而去，泣血流泪。

【大象】云雷，屯卦；君子要努力经营筹划。

| 诠释 |

这个卦象：上为坎，表示水，也表示云；下为震，表示雷。云层之下，雷闪渐起，无疑在酝酿一场大雨。这时，圣人想到了雨中新出土的草芽，于是把这一卦定义为屯，屯是个会意字，下面是个屮（chè），就是草；上面的一横，表示地面；加在一起，意思就是小草刚刚破土而出。

这棵新生的小草，正是人生之初、事业之初的写照：没人欣赏，没人帮助，本身柔弱，渴望成长，但阻力重重。怎么办呢？圣人讲了以下六点。

一、不要急于求成，不要冒进。年轻人急于出头的心情可以理解，但客观条件还达不到，你跃不上去，索性沉下心来，好好打基础。基础无非两方面：一是事业的，做好手边事；二是人脉的，交好身边人。当下就是打基础，尤其在二十来岁时，即便停滞不前，也不是坏事。

用"庄稼人"的话讲，这叫"蹲苗"，可以把根扎得更牢，有利于以后的成长。有些单位选拔人才时，管理者常用这话来安慰那些还不太成熟的年轻职员。伏久者，飞必高。别着急。

二、万事开头难。原始积累是一个漫长的过程，赚第一个10万元常常比赚第一个100万元要更难。早期，当机会来时，因为没有经验，往往会犹豫，担心是陷阱；有时，则会把陷阱看作机会。这时的问题都出在急躁、沉不住气上。

三、将军赶路不追小兔。事业未定型之时，都容易犯这山看着那山高的毛病，什么钱都想赚，什么机会都想抓到手，什么都想尝试，东一榔头西一棒槌，最终什么也做不好。既然实力弱，资源有限，就更要专注于一个领域，才有机会。

四、当你自力更生、艰苦奋斗，开始有点眉目时，你的贵人，如投资商、合作伙伴、大客户、伯乐等，就可能主动找上门来。

五、草创之时，不要急于套现，然后去享受，小休闲、劳逸结合是好的，不要穷人乍富，忘乎所以。

六、创业史常常也是血泪史。人生也是如此，只能向前走，没有回头路。

困难归困难，这棵小草芽是起点，是希望，是未来，俗话讲"愁老不愁小"，坚持住，一晃儿就会长起来的。若干年后，当你回首这段草创的艰难时，会发现它未尝不是人生中最深刻的体验。

最后，圣人总结，"君子以经纶"，在人生、事业之初，要编织梦想，做好规划，储备学识，加倍努力。就像织布，要力求完美的纹路，要尽心缝补。

蒙：教育的目的

| 经文 | 直译 |

【蒙】亨。匪我求童蒙，童蒙求我。初筮告，再三渎，渎则不告。利贞。

【初六】发蒙，利用刑人，用说桎梏，以往吝。

【九二】包蒙吉，纳妇吉，子克家。

【六三】勿用取女；见金夫，不有躬，无攸利。

【六四】困蒙，吝。

【六五】童蒙，吉。

【上九】击蒙；不利为寇，利御寇。

【象曰】山下出泉，蒙；君子以果行育德。

【蒙卦】亨通。不是我求童蒙，而是童蒙求我。初次占问，可以告诉；再三占问则为亵渎，亵渎则不告诉。有利贞固。

【初六】启蒙，利用典型，脱去桎梏，急于前往将有遗憾。

【九二】包容蒙昧，吉祥；娶妻，吉祥；儿子能治家。

【六三】不宜娶此女，一见富帅男子，便失自身，娶其无利。

【六四】困于蒙昧，有所遗憾。

【六五】儿童启蒙，吉祥。

【上九】以惩罚为主的启蒙，不利于攻击，利于抵御。

【大象】山下出泉，蒙卦；君子要果行育德。

| 诠释 |

这个卦象：上为艮，表示山；下为坎，表示水。在山脚下涌出一泓清泉，就像一个孩子纯真无邪、懵懂无知的心灵。人在这样的阶段就是蒙，这时去上学叫作发蒙，这时的老师就是启蒙老师。所以圣人在这个卦讲教育问题，他提出几个观点。

一、**学习从模仿开始**。要给孩子一个学习的榜样，或者范式。身教很重要，看传记很有意义。学习书画之类都要从临摹开始。要让孩子知道什么是不能做的，如不能碰热水壶之类，进而强调法制和道德教育，保证他们以后有足够的自我保护意识。另外，初学不可急于求进，当夯实基础。

二、家庭教育是重要的，要有爱的氛围。而且，树立孝顺、齐家等家庭伦理观是教育的重要内容。

三、**要培养孩子的事业心和工作技能**，让孩子明白有事业才可能有好的家庭和婚姻，鼓励他们努力学习本领。

四、学习与实践相结合，要针对地解决具体问题和困难。另外，人生不断面对困难，但这恰是学习的契机。儒家强调"困知勉行"，就是这个道理。

五、大人不失赤子之心。一个人应当永远保持一颗孩子般的好奇心、求知心。

六、谋略教育。**世事洞明皆学问，人情练达即文章**。有些阴招虽然不用，但不能不知道。江湖险恶，害人之心不可有，防人之心不可无。

圣人还认为，在人生各种情境之中，教与学无处不在。站在教的角度，要注意两点：（1）不要好为人师，总想着给别人指出缺点，除非人家来请教；（2）教学要点到为止，要启发，让对方自己进入思考的状态，不要填鸭式地教学，那样被教的人就有惰性了，不思考了，所得就大打折扣了。

最后，圣人总结，教育的目的在于"果行育德"：行有果，帮助人做成事；德成育，帮助人立起一个德来。不过，孔子讲过一句话，"十室之邑，必有忠信如丘者焉，不如丘之好学也"。对于多数青年来讲，德不是问题，行才是问题。或者说，培育品德的意义在于引导行动不跑偏。

卦象中的那泓泉水，看上去柔弱、渺小，毫不起眼，但世界上任何大江大河的源头莫不如此。人生也是如此，再伟大的人物，都是从牙牙学语、蹒跚学步的婴儿一点点长大的。而人生的差距却常常从开始那一刻就决定了，决定性的因素是什么？是行动力。

一个年轻人与中年人、老年人竞争，学识、经验、人脉、财富、资源等都没法比，可历史上绝大多数的人物，在很年轻时就崛起了。清末民初的那些学术大师，如梁启超、胡适等人，二十岁出头就已经引领潮流了。爱因斯坦的相对论也是在二十多岁时就成形了。那么这些年轻人的胜出，优势在哪里？在于行动力。

事业都是干出来的，真理也是从实践中得来的。《史记》讲，"断而敢行，神鬼避之"。只要敢干，什么都不敢挡你的路，不行的也能行。

日本人为什么推崇王阳明的"知行合一"？就是因为，王阳明强调的就是知也是行、行也是行，要力行实践。

培养出有行动力的人，就是成功的教育。如果人生注定要经历几次失败，那么，最好让这些失败在年轻时到来，此时有充足的时间和精力去反败为胜。

需：在等待

经文	直译
【需】有孚，光亨，贞吉。利涉大川。	【需卦】诚信，光明亨通，守正吉祥。利于涉越大河险阻。
【初九】需于郊，利用恒，无咎。	【初九】等待于郊外，利于守恒，无灾祸。
【九二】需于沙，小有言，终吉。	【九二】等待于沙滩，稍有言语是非，最终吉祥。
【九三】需于泥，致寇至。	【九三】等待于泥滩，招来强盗。
【六四】需于血，出自穴。	【六四】等待于血泊，从洞穴出来。
【九五】需于酒食，贞吉。	【九五】在酒宴上等待，守正吉祥。
【上六】入于穴，有不速之客三人来，敬之，终吉。	【上六】进入洞穴，有不请自来的三个客人，恭敬待之，终于吉祥。
【象曰】云上于天，需；君子以饮食宴乐。	【大象】云上于天，需卦；君子要饮食宴乐。

| 诠释 |

这个卦象：上为坎，表示云（水）；下为乾，表示天。天高云淡，晴空万里，这样的天气离下雨肯定还需要一段时间。农业社会里靠天吃饭，很多农业耕作活动，都需要一场雨的铺垫。不下雨，就得等。所以圣人命名此卦为"需"，就是等待的意思。

人生大体上是把一个等待死亡的过程分解为等待各种东西的若干过程。人们常常通过等待某个东西来感受自己人生的意义。

关于等待，圣人认为，要乐观，要相信未来，相信你所等待的会到来。等待本身就是一种远行，善于等待的人会走得更远。圣人指出，等待的过程不是安逸的，而是充满危机，让人焦灼不安。他认为有以下几种情况。

第一，在等待之初，要做好等待很长时间的准备。

第二，在等待中，会有很多非议。人们会告诉你，你等待的那个东西永远不会到来，这时你要相信自己的内心。

第三，你的等待会成为一种信号，引发人们对你等待的那个东西的关注，于是很多人会加入进来，同你竞争。也有一些人，会在你全神贯注于等待这个东西时，抄你的后路，获取你其他的利益。

第四，当等待终于到头，常常还有一场恶仗等着你，你要用尽全力战胜它，不然就会功亏一篑、前功尽弃。曾国藩的朋友窦兰泉有个比喻："大丹将成，众魔环伺，必思所以败之。"

第五，人类所有智慧的总结就是希望和等待。从容等待，希望必将实现，要相信命运。

第六，等待总伴随意外，有意外之喜，也有意外之忧，要以平常心、以一个敬字来应对。

最后，圣人认为，需卦的精义在于"饮食宴乐"。人生事业需张弛有度，当开始一段漫长的等待时，索性放松身心，去享受生活。这里同样有人生的大道。

在生理上，"饮食男女，人之大欲存焉"。人的生命需要能量来源，这些能量通过饮食和睡眠来获取，又在工作、思考、劳作中消耗，获取与消耗之间必须保持平衡。

李星华在《回忆我的父亲李大钊》一书中曾提到李大钊教育孩子说过的话："小孩子做什么事情都不能三心二意，要学就学个踏实，要玩就玩个痛快。"痛快了，说明能量增长了。所以，饮食宴乐之间，让自己接地气、接山水之气、接人气、接喜气，补充自己的正能量，这是必要的。

在人事上，不论是家人之间，朋友之间，同事、客户之间，饮食宴乐，都是大家彼此交流、增进感情的好机会。每天工作拼搏，可能无暇关心他们，他们可能已经在远离你，而没有了他们，你就是无源之水、无本之木。

在智慧上，没生活就没智慧，不懂得生活就不会了解人性，而生命的意义至少一半在生活里。

讼：先小人后君子

| 经文 | | 直译 |

【讼】有孚，窒，惕，中吉，终凶。利见大人，不利涉大川。

【初六】不永所事，小有言，终吉。

【九二】不克讼，归而逋，其邑人三百户，无眚（shěng）。

【六三】食旧德，贞厉，终吉。或从王事，无成。

【九四】不克讼，复即命，渝，安贞，吉。

【九五】讼元吉。

【上九】或锡之鞶（pán）带，终朝三褫（chǐ）之。

【象曰】天与水违行，讼；君子以作事谋始。

【讼卦】诚信被窒蔽，心怀疑惧，持中可吉，无终则凶。利于见大人，不利于涉越大川险阻。

【初六】不要坚持诉讼，稍有言语非议，最终吉祥。

【九二】不能胜讼，逃回，村庄有三百户人家，藏身免灾。

【六三】吃往日德业，守正防危，最终吉祥。或者辅助君王，成功不能自居。

【九四】不能胜讼，返回认命，转变观念，安顺守正。吉祥。

【九五】诉讼，大吉祥。

【上九】偶尔被赐官服大带，一天内却被剥夺三次。

【大象】天与水行动方向相反，讼卦；君子做事要先谋其始。

| 诠释 |

这个卦象：上为乾，表示天；下为坎，表示水（河流）。笔者每天晚上出去散步，走到没有路灯的地方，夜空中的繁星就格外亮，虽然笔者不懂天文，更不懂占星之术，但天天夜观天象，至少看出一点：星空在向西运行。当然，实际是地球在向东自转。

不过，古人应当也是凭此直观的感受，认为天是向西走的，而河流是向东流的。一个向西，一个向东，正好对着干、拧着劲，所以圣人看到了一个诉讼打官司的场面，于是定义此卦为讼。

然后圣人讲了几条古人打官司时坚信的道理。

一、"讼不可长"，打官司不能拖得太长，适当妥协，及早结束，即便被人非议，相对还是更有利；若时间长了，肯定两败俱伤，即便打赢了，也可能埋下仇恨。

二、民不告官，民不和官斗，一斗准败。若形势不好，要赶紧脱身，躲避风头。

三、宁可吃亏，尽量不打官司，坚持坚持就过去了。

四、官司实在打不赢，就平静接受事实，收拾心情，继续努力让生活更美好。

五、打官司要天时、地利、人和，法官公正，证据充分，则稳操胜券。

六、靠告黑状上位获利，是风险极高、极易付出代价的。

总之，要打官司了，若要好受就难了。所以，最好不要走到这一步，要避免打官司。怎么办呢？圣人指出，要"作事谋始"，要在做事的一开始，就把那些可能起纠纷的事情想清楚，订好契约。

俗话讲，"先小人后君子""丑话说在前头"。从这两句话可见，中国人不欢迎"契约"，认为契约是"丑话"，是约束小人的，一订好契约就先贬低了双方的人格。

生活里，朋友来跟你借钱，"先打个欠条吧"，这话你憋在心里，恐怕很难说出口。咋办呢？笔者教你一招：不妨先跟你所有的朋友借一遍钱，借钱时主动给打个欠条，提前给他们做个示范。

虽说上面是说笑，但现实打官司闹纠纷的人之间，不乏是亲友，或是商业伙伴。而矛盾产生无非利益。所以，平时应当有"亲兄弟，明算账"的觉悟，要有契约意识，不要高估彼此对于利益损失的承受能力，更不要高估彼此的人格。

"千里之行，始于足下"，好的开始是成功的一半。事物的开始，就定下了一种基调，这种基调在未来只会强化，不会改变。慎始才能善终。

曾国藩有一个重要的观念：谋事先谋败。先不要考虑它会如何成功，而要考虑在什么情况下、因为什么问题事情会失败。在诸多因素之中，利益纷争是事情失败的主要因素。所以，一开始就有契约意识格外重要。

师：韩信点兵多多益善

| 经文 |

【师】贞，丈人吉，无咎。

【初六】师出以律，否臧凶。

【九二】在师中，吉无咎，王三锡命。

【六三】师或舆尸，凶。

【六四】师左次，无咎。

【六五】田有禽，利执言，无咎。长子帅师，弟子舆尸，贞凶。

【上六】大君有命，开国承家，小人勿用。

【象曰】地中有水，师；君子以容民畜众。

| 直译 |

【师卦】守正，贤明长者统兵则吉，无灾祸。

【初六】军队出征必须严明纪律，军纪不良则凶。

【九二】统率军队，秉持中正可得吉祥，得君王多次嘉奖加封。

【六三】军队有时车载尸体归来，凶险。

【六四】军队撤退，无灾祸。

【六五】田中有禽，利于捕捉，无灾祸。长者率师挺进，小人载尸败归，守正防凶。

【上六】天子发布命令，封赏功臣建国立家，小人不能用。

【大象】地中有水，师卦；君子要容民蓄众。

| 诠释 |

这个卦象：上为坤，表示大地；下为坎，表示水。在广阔的大地之下，蕴藏着丰富的地下水资源，这些地下水，养育着绝大多数地方的人。圣人从这个卦象想到的是，在广大的民众中间，蕴藏着丰富的兵源。

只要人够多，军事就可以强大，国家就可以强大，这个道理，在冷兵器时代大致是不错的。**圣人将此卦定名为"师"，即军队的意思，**然后阐述了他的一些军事思想。

一、军纪要严明。

二、将帅要中正无私。

三、避免因失败而挫伤士气，要懂得胜败乃兵家常事。

四、要灵活进退。

五、要战略明确，将才得位。

六、战胜后，军功不等于治才，不可以军功定官位。

不过，圣人最终强调的是更本质的问题，就是要"容民畜众"，要有大地一般的胸怀，要容得下足够多的人，要"韩信点兵多多益善"，才能做足够大的事。

凡事要做大，量的增长是必需的。拿企业来讲，销量要增长，产品种类要增加，投资要增长，设备要增加，客户要增加，市场要扩大。当这些量增长到一定程度时，会形成"规模优势"：成本会降低，协作更容易，影响力更大，等等。

把量做大，是商业成功的铁律，为什么现在互联网行业那么受投资者的喜爱？就是因为，这些企业背后都有动辄几亿、几十亿的用户群，这是传统企业不可企及的。互联网行业有一个著名的"长尾理论"，也是在量上找商机。

然而，在所有变量中，最根本的变量是人，是这个变量带动着其他变量。要招募足够多的人，让他们在这个平台里各自发展，有收益，进而创造价值。曾国藩活了一辈子，经历了无数事，得出一条结论：唯一可恃之事，在于得人。

而"得人"好比吃饭，一要饭量足够大，二要不挑食，这样才能吃得多。一个决策者，看人、用人，要不拘一格才行。什么都看不惯，看谁都不顺眼，就只能成为孤家寡人。

李嘉诚的公司为什么取名"长江实业"？因为长江"不捐细流，以成其大"。

对于做人来讲，师卦启发我们要广交友，广结善缘，三教九流，五行八作，一概以平等待之，人生的资源才能足够丰富。

当然，师卦的本义还是讲军事。《易经》的本质是为决策者服务，执政之要在于两点：对内治国，对外用兵，合起来就是"富国强兵"。

所以，不仅师卦，《易经》六十四卦都蕴含着军事方面的智慧，直接影响了后来的孙子等。著名的《三十六计》每一计分别对应一卦，可以看出，古人对于六十四卦的领悟之深、运用之妙，很有意思。

比：贴心人

经文	直译

【比】吉。原筮（shì），元永贞，无咎。不宁方来，后夫凶。

【初六】有孚比之，无咎。有孚盈缶，终来有它，吉。

【六二】比之自内，贞吉。

【六三】比之匪人。

【六四】外比之，贞吉。

【九五】显比。王用三驱，失前禽。邑人不诫，吉。

【上六】比之无首，凶。

【象曰】地上有水，比；先王以建万国，亲诸侯。

【比卦】吉祥。根据初次占筮，开始持久守正，无灾祸。不安的人们正来投奔，后到者凶。

【初六】心怀诚信贴近他，无灾祸。诚信如盈满的容器，终会得到他人的依附，吉祥。

【六二】从内部贴近，守正吉祥。

【六三】贴近错误的人。

【六四】向外部贴近，守正吉祥。

【九五】显明地贴近。君王田猎，三方包围，网开一面，前方禽兽逃走。村庄的人们不戒备，吉祥。

【上六】贴近的人们没有首领（或贴近却未领先居首），凶。

【大象】地上有水，比卦；先王要封建万国，亲近诸侯。

| 诠释 |

这个卦象：上为坎，表示水；下为坤，表示地。水在地上，自然是紧贴着地的，所以圣人把这个卦定名为比。"海内存知己，天涯若比邻"中的"比"就是贴近的意思。比卦就是讲与人贴近的问题。

圣人认为贴近要做到以下几点。

第一，与人贴近应当心怀诚信，应当亲近，而不要为了某种目的虚情假意，至少给自己一个正大光明亲近对方的理由。

第二，贴近是赢得人心的不二法门，贴近的最高级别是贴心。

第三，亲贤臣，远小人。有时可惜的是，我本将心向明月，奈何明月照沟渠。

第四，离得越远，越要重视贴近的问题。

第五，不论是贴近领导还是其他人，要努力做到两点：一是让别人充分认可你的贴近是无可厚非的；二是彼此因贴近而充分信任。

第六，对于值得贴近之人，要如曾国藩所讲，"强与之附"，硬着头皮也要早一点贴近！贴近的人们要注意彼此间的主次秩序，否则容易彼此伤害。

圣人最后把这个问题提升到一个高度，提出"先王以建万国，亲诸侯"。这与贴近有什么关系呢？

读者都知道"封建社会"，可为什么叫"封建"呢？举例来说，周武王伐纣灭了商朝，建立周朝，然后给那些亲戚和功臣们分封天下，比如把周公和姜太公都封到山东一带，各自成立诸侯国：鲁国和齐国。这就叫作"封土建国"，简称"封建"。

国家如此，企业也一样，要投入资源，建立强大的一线服务体系，充分贴近顾客，服务顾客，才能赢得顾客的支持。

如何贴近呢？用服务贴近，特别是免费的服务。360发展得非常好，是靠什么呢？靠免费。别的杀毒软件都需要付费，但360免费，而且质量很好，网民一下子就被征服了。

现在所谓"互联网思维"的说法很火，参照一下师卦和比卦，你会大有启发。

小畜：中产阶层的感觉

| 经文 | 直译 |

【小畜】亨。密云不雨，自我西郊。

【初九】复自道，何其咎？吉。

【九二】牵复，吉。

【九三】舆说辐，夫妻反目。

【六四】有孚，血去惕出，无咎。

【九五】有孚挛如，富以其邻。

【上九】既雨既处，尚德载；妇贞厉，月几望；君子征凶。

【象曰】风行天上，小畜；君子以懿文德。

【小畜卦】亨通。浓云密布却不降雨，云气从我方西邑郊外而来。

【初九】返回正道，有何灾祸？吉祥。

【九二】牵返回正道，吉祥。

【九三】车轮辐条脱落，夫妻反目失和。

【六四】诚信，忧恤离去，惕惧解，无灾祸。

【九五】诚信系恋，与邻居共同致富。

【上九】终于下雨，安然相处，尚德被拥戴；妇人守正防危，如月将盈而未满；君子出征将凶。

【大象】风行天上，小畜卦；君子要懿文德。

| 诠释 |

这个卦象：上为巽，表示风；下为乾，表示天。风在天上轻轻吹拂，云随风而聚，逐渐具备了下一场小雨的实力。圣人由此看到的是，人有了一定的积蓄（畜与蓄通假），物质生活水平达到了一定的程度，如小康，这时，就可能出现穷人乍富的问题，容易迷失、出问题，就像到了一个十字路口，不知该怎么走。圣人认为要做到以下几点。

第一，不忘初心，要牢记自己的初衷和梦想，平复躁动不安的心。

第二，夫妻牵手而行，就像最初的那次牵手，其实一切依然美好。

第三，与汽车开久了要保养一样，夫妻之间的情感也得保养，七年之痒，七年正是吵架离婚的高发期，要努力平安度过。其他的人际关系、各种情感也应当努力维护。

第四，以诚心换诚心，是维系健康人际关系的秘诀。

第五，家和万事兴，发财靠朋友，同心协力，必能开创美好未来。

第六，夫妻之间要摆正关系，家有贤妻知足知福，则丈夫不做横事。

圣人总结，小畜之时，无论解决问题，还是谋求发展，都应当注意"懿文德"，即物质文明发展了，精神文明要跟上，富了口袋之后，还要富脑袋，要提高文化修养。

这个问题，其实不用圣人说，人的天性就如此。用马斯洛的需求五层次来讲，物质丰富只是解决了生理和安全的需求，这时，人还有着社交、被尊重、自我实现等需求，这些需求，单凭财富是实现不了的。

所以，很多上学时马马虎虎的人，一旦成了暴发户，竟然都不约而同地喜欢书画、禅茶，别以为这是装模作样、附庸风雅，实际上他们是真心地对这些文化上的事物有内在的需求。

文化的意义不止于需求的满足，它有着丰富的实践意义。对于一个创业者来讲，小畜算是事业小成，经历了相对残酷的原始积累阶段，这时不像创业时那样窘迫了，但要进一步发展，所面临的形势同样严峻，所谓二次创业一般都在这个时候。二次创业成功与否，关键看文化这个工具能否玩得转。

一方面得读书学习，了解更先进的东西，以此来改进管理、技术等各个方面，不能再用原始粗放的那一套；另一方面要发展企业文化，用文化管理员工，因为人员多了，单靠感情维系不了，单靠制度总有漏洞。还有，要以文会友，文化是精英的交流工具，没文化就没法与更高层次的人士交流，进不了人家的圈子，也得不到相应的资源。

七年之痒也需要"懿文德"，多读书，把事看得再透一点，把心思放在正经事上，才能顺利度过这个坎。

履：老虎的尾巴

经文	直译

| 经文 |

【履】履虎尾，不咥人，亨。

【初九】素履，往无咎。

【九二】履道坦坦，幽人贞吉。

【六三】眇能视，跛能履，履虎尾，咥人，凶。武人为于大君。

【九四】履虎尾，愬（shuò）愬终吉。

【九五】夬（guài）履，贞厉。

【上九】视履考祥，其旋元吉。

【象曰】上天下泽，履；君子以辨上下，定民志。

| 直译 |

【履卦】跟在老虎尾巴后面走，老虎不咬人，亨通。

【初九】老实走路，前往，无灾祸。

【九二】走在平坦大道上，幽人守正吉祥。

【六三】眼睛不好、腿瘸，却逞强而行，跟在老虎尾巴后面走，被咬，凶险。武人有为于君王。

【九四】跟在老虎尾巴后面走，保持戒惧谨慎，最终吉祥。

【九五】果决而行，守正防危。

【上九】审视来路，考察得失，转身大吉祥。

【大象】上天下泽，履卦；君子要辨明上下，安定民志。

| 诠释 |

这个卦象：上为乾，表示天；下为兑，表示泽。上面是辽阔天空，下面是无边的湖泽，湖泽之中有高一点的实地，可以踩着过去，也有低洼的水坑，还有深不可测的泥潭。走这样的路，就像踩在老虎尾巴上，只有加倍小心，才不会被它咬了，才可以安全。

圣人命名此卦为履，就是小心行走的意思。在中国最古老的汉语字典《尔雅》里这样解释：履，礼也。中国是礼仪之邦，是礼乐文化，有经典——《礼经》，那么礼到底是什么呢？说白了，礼就是规则、秩序。怎样小心行走？要循礼，要遵守规则、秩序。对此，圣人提出以下几点需要注意的地方。

第一，一般来讲，老老实实地遵从规则秩序，守法，不违反道德，就不会出问题。

第二，即便是走阳关大道，也要谨慎低调，避免平地摔跤。

第三，凡做事，不懂规矩不要轻举妄动。孔子每新到一个地方，都会先了解当地的风俗和禁忌。除非你强大到可以无视规则，甚至新立规则。

第四，不论明规则还是潜规则，要全部了然于心，并严格遵守。就像走钢丝，虽然危险，只要操作得当，就能平安走过去。

第五，创立规则，取得话语权，风险与机遇是成正比的。

第六，对于走过的路，要经常回头看一下，总结一下，以找出前方最佳的路线。

最后，圣人进一步提升这个思想，认为"履，君子以辨上下，安民志"，点明了礼在国家层面的意义，通过强调上下关系等规则秩序来控制人们的欲望。

孔子讲，君君、臣臣、父父、子子。君主在君主的位置，做君主该做的事；大臣在大臣的位置，做大臣该做的事；父亲在父亲的位置，做父亲该做的事；儿子在儿子的位置，做儿子该做的事。这就是礼，这样秩序井然，才能和谐运转。否则，君不君，臣不臣，父不父，子不子，分不出主次，会乱套。

有些人批评"三纲五常"，多数是盲目的。首先"五常"是指仁、义、礼、智、信，都是好的，没有什么可批的。"三纲"看上去确实别扭——君为臣纲，父为子纲，夫为妻纲——可实际操作中并非如此绝对，其背后强调的秩序，也是有一定的可取之处的。

比如，**在任何一个企业、组织，这种秩序都是必需的**。谁是老板，谁是员工；谁是领导，谁是下属——若分不清，还怎么做事？而且，都必须有详细的行为指导规范、规章制度，没有规矩不成方圆。

泰：泰然处世的秘密

| 经文 |

【泰】小往大来，吉亨。

【初九】拔茅茹，以其汇，征吉。

【九二】包荒，用冯河，不遐遗。朋亡，得尚于中行。

【九三】无平不陂，无往不复。艰贞无咎，勿恤其孚，于食有福。

【六四】翩翩不富，以其邻，不戒以孚。

【六五】帝乙归妹，以祉元吉。

【上六】城复于隍，勿用师。自邑告命，贞吝。

【象曰】天地交，泰；后以财成天地之道，辅相天地之宜，以左右民。

| 直译 |

【泰卦】小的往大的来，吉祥亨通。

【初九】拔起茅草，根系相牵，所以茅草汇集成片。出征，吉祥。

【九二】包容广大，可徒步过河，不因遥远而遗失。没有朋党，中道而行受崇尚。

【九三】没有只平不斜的，没有只往不返的。艰难守正没有灾祸，不必担心不被信任，有饮食之福。

【六四】悠然于不富裕的生活，邻居间互不戒备，以诚信交往。

【六五】帝乙嫁妹，以此得福，大吉祥。

【上六】城墙倒在干涸的护城河，不要出兵，要少下命令，守正以防遗憾。

【大象】天地交互，泰卦；君主要裁决事务，成就天地之道，辅助天地化生之功，以指导民众。

| 诠释 |

《易经》六十四卦里这一卦最妙：上面为坤，表示地；下面为乾，表示天。乍一看，地在上，天在下，这不是天翻地覆吗？可在圣人的眼里，正好相反，他看到的是通泰，是一派祥和安定。为什么呢？因为天翻地覆是不可能的，超出了人的经验范围。

圣人从这个卦象看到的是天上的阳光雨露施予大地，而地下的气息也向天上蒸腾，万物向天而生长，于是天地相交，你中有我，我中有你，互相融合，互相生发，一派生机盎然。由此，圣人领悟天地之间的大道就在于这种不断的交融互动，"无平不陂，无往不复"，阴阳转化，此消彼长。看到这里，你应当能想到那幅黑白阴阳鱼组成的太极图了吧。

太极图是包含丰富意义的，泰卦也一样，圣人强调了以下几点。

一、凡向上生长者，必向下扎根。上面的枝干看似独立，其实下面根系相连，盘根错节。

二、泰然处世的几个关键词：包容、技能、周密、独立、走正道。

三、要深明物极必反、盛极必衰的道理，势不可使尽，要保持艰苦奋斗的作风，不自欺亦不欺人。

四、不以物喜，不以己悲，恭敬安详，谦虚有礼，与身边人亲近融洽，消除隔阂。

五、善用联姻、联盟的手段，巩固自己的关系基础。

六、盛极而衰之势难免之时，应当顺势而为，功成身退，不可强撑。

不过，最根本的是以下两方面。

一是交，就是交流、交谈、交朋友、交易、交换、交互、交融、交手、交心、交道的"交"。

魏文帝曹丕讲："阴阳交，万物成；君臣交，邦国治；士庶交，德行光……**交乃人伦之本务，王道之大义，非特士友之志也**。"没有君臣之交就没有政权，没有朋友之交活着就没有意趣。

二是易，就是转变、转化。

天上的会掉到地下，地下的也会升到天上。三十年河东，三十年河西。物极必反，月盈必缺，宇宙万物无时无刻不在转变、转化，而且是向相反的方向。人们追求的很多东西，如成功、财富、地位、名声、安全，这些都不是一劳永逸的，不是获得了就不动了。

它是变动不居的，就像骑自行车，看似车子稳稳当当地前行，其实你的双手和身体重心在一刻不停地做着微调，才能保证车子的平衡，而你稍一大意，就可能摔个人仰马翻。

所以，曾国藩对家中子弟用千言万语强调"持盈保泰"。那么，怎样保泰呢？泰卦里给出了一个答案：艰贞无咎。这个词在《易经》里提到了好几次，意思是：苦一些，累一些，承受一些不如意的事，这样的人不会出大问题、遭受大祸害。曾国藩经常讲，君子不求全，这是保泰的法则。

深明上述交与易的道理，人也定然圆融，凡事无可无不可，能方能圆，能屈能伸，能大能小，能刚能柔，能上能下，能进能退，这样才真正能泰然处世。

"后以财成天地之道"，乍看这句话时，笔者被这个"财"字吸引了，立即得出一个庸俗的观点：有财有钱才能安泰舒坦。而且，用钱来配置天地资源也暗合了今天的市场经济。当然，前辈学者考证这个"财"与"裁"相通，有运用之意，是更有道理的。

否：楚门的世界

经文	直译
【否】否之匪人，不利君子贞，大往小来。	【否卦】否闭的不是应当被否闭的人，不利于君子守正不变，大的离开，小的来到。
【初六】拔茅茹，以其汇。贞吉，亨。	【初六】拔起茅草，根系相率，所以茅草汇集成片。守正吉祥，亨通。
【六二】包承。小人吉，大人否，亨。	【六二】包容承受。小人吉祥，大人否闭，亨通。
【六三】包羞。	【六三】包容羞耻。
【九四】有命无咎，畴离祉。	【九四】有命，无灾祸，众人依附同得福祉。
【九五】休否，大人吉。其亡其亡，系于苞桑。	【九五】否闭停止，大人吉祥。要亡要亡，却系固于桑树上。
【上九】倾否，先否后喜。	【上九】否闭倾覆，先有否闭，后有喜悦。
【象曰】天地不交，否；君子以俭德辟难，不可荣以禄。	【大象】天地不交，否卦；君子要秉持俭德，避免灾难，不可追求荣华禄位。

| 诠释 |

这个卦象与泰卦正好相反：上为乾，表示天；下为坤，表示地。上面是天，下面是地，各处其位，这很正常。可圣人是特别深刻的人，知道事情不像一加一等于二那么简单，而是很复杂。圣人思想的深刻是不用怀疑的，不过，可以看到，他的思想有一个基调，就是对未来的忧虑，这个基调贯穿于六十四卦。

圣人从看似各处其位的正常卦象里看到的是上下相隔、离心离德，并命名此卦为"否（pǐ）"。《尔雅》讲，"否，隔也"，就是隔断不通的意思。

比如一个官场中人，若没人维护，下面不接地气，上面也没人相帮，即便表面显赫，其实已经很危险了。此时需抓紧调整自己，要"俭德辟难，不可荣以禄"，要格外低调，以俭养福，不能喜好虚名，不能贪恋权位，最好是急流勇退。

圣人描述了以下"否"的人生处境。

第一，开始，他（芸芸众生的一员）是扎根于下的，身边会有一帮弟兄、一群朋友。

第二，然后，他努力向上，极力讨好上司，包容同事，所有工作都不遗余力地做好。

第三，其间，他也忍辱负重，也有让人格、尊严为成功让路的时候。

第四，有一天，他终于坐上他想坐的位置。此时有很多人因为利益而围绕在他的身边，那些曾经的朋友、真正爱他的人却被挤出了圈外。

第五，到此时，少数人会及时发现这个问题，并做出改变，最终得到好的结局。张瑞敏在谈到用互联网思维改造传统管理时便引用了"倾否，先否后喜"，只有主动颠覆自我，承受痛苦，才能实现新生。

第六，而多数人却会迷失，最终陷入众叛亲离、四面楚歌的绝境，而所有的奋斗也会成为竹篮打水一场空。不过，永远不要绝望。

否卦的人生意义在于两方面。

一是学习圣人的思维方式，要透过表面的正常，冷静地审视自己的处境，包括与他人、与天地自然的关系。这是挺难的。著名喜剧明星金·凯瑞主演过一部剧《楚门的世界》：他像所有平常的人一样过着平常的生活，有一天却发现一个不可思议的秘密。原来，他从一出生就是一个真人秀节目的主角，他看到的一切，包括蓝天、大海、超市等都是道具，他的爱人、同事、朋友、邂逅的陌生人等都是这个节目的演员，只有他自己不知道真相。

这个电影反映了一种人类生存的心灵困境：我们很难了解自己与他人之间究竟是怎样的关系。

二是当人们意识到自己与外界的关系发生变化时，要及时调整。

这时，不要再爱面子、爱虚荣，不要贪恋自己现在拥有的那些东西，要勇敢地放弃，果断地退避。对于那些可以挽回的关系，要放下身段去挽回。从哪里跌倒，就从哪里爬起。挽回的方法，不外乎在"交"上下功夫，把隔断的关系重新打通。否极泰来，只要处理得当，一切都会好起来的。

同人：是相同的人吗

| 经文 | 直译 |

【同人】同人于野，亨。利涉大川，利君子贞。

【初九】同人于门，无咎。

【六二】同人于宗，吝。

【九三】伏戎于莽，升其高陵，三岁不兴。

【九四】乘其墉，弗克攻，吉。

【九五】同人，先号咷而后笑。大师克相遇。

【上九】同人于郊，无悔。

【象曰】天与火，同人；君子以类族辨物。

【同人卦】同人于阔野，亨通。利于涉越大河险阻，利于君子守正。

【初九】同人于家门口，无灾祸。

【六二】同人于宗族，有所遗憾。

【九三】伏兵于草莽，登上高陵，三年不兴事。

【九四】登上城墙，不能攻占，吉祥。

【九五】同人，先号啕大哭，而后大笑。大军胜利会师。

【上九】同人于郊野，无悔恨。

【大象】天与火，同人卦；君子按族归类，分辨事物。

| 诠释 |

这个卦象：上为乾，表示天；下为离，表示火，也表示太阳。火焰向上奔向天空，就像志趣相投者之间会互相吸引一样；太阳悬于天空，就像一个人依托于他所在的群体而更加光彩照人。

于是，圣人将此卦定名为"同人"，就是在某些方面相同的人，如同学、同事、同人、同行、同志、同伙、同好、同乡、同道、同伴等。多数情况下，"同人"在一起是合作的关系。圣人对这种关系，提出了以下一些看法。

一、及早结伴。同学、朋友之间要及早形成合作完成某项工作的意识。很多创业者都是兄弟、发小儿，很早就形成了稳固的信任、互补或主从关系，比尔·盖茨与保罗·艾伦就是从15岁开始结伴学习并创业的。

二、相处是烦恼之源，家人合作有利也有弊，容易因工作伤感情。

三、同盟提升实力，合作有利于开创大事业。

四、合伙做事情，交情第一，成功第二。交情不稳固，成功很难；若交情没有了，成功的意义也会大打折扣。

五、交情要在事情上检验，不经事情考验的同盟肯定不是稳固的。夫妻也是如此，经过几番悲喜，才会患难见真情，以后的路才会长远。

六、无利益关系的人在一起最轻松。

尽管"同人"未必甜蜜，但有相同属性之人"同声相应，同气相求"，总会不知不觉地走到一起。所谓物以类聚，人以群分。圣人最后强调，"君子以类族辨物"，提醒人们对于人类及自然界里这种"以同为群"的特质，要有深刻的认知。

宇宙中的一切，包括事物和人，不是孤单的，也不是孤立的，都会基于一些相同属性形成各种各样的种类、群体和圈子。

这个特点大大简化了宇宙万物，降低了认识宇宙的难度。比如，截至目前，人们了解的所有物质的组成元素只有118种。通过简化，科学才得以开展。

目前地球上约有80亿人，若要研究人的问题，能一个一个研究吗？不能，就得简化。首先，按照性别，人分两种——男人和女人，或者再加上男女不分的人；其次，按照人种可以分为白色人种、黑色人种、黄色人种、棕色人种；最后，按照地域分布，分属于五大洲、200多个国家或地区等。只有通过类似的划分，才能对庞大的问题进行思考和研究，才能开展相应的工作。

这里的启发是，人际关系对于人生发展很重要。那么怎样发展自己的人际关系呢？很简单，梳理好自己身上的特质，并找到具有相同特质的人。有相同特质的人之间有天然的吸引力，他们在一起时，身上相同的特质会得到不断的强化与提升。

大有：保富法

| 经文 | | 直译 |

【大有】元亨。

【初九】无交害，匪咎，艰则无咎。

【九二】大车以载，有攸往，无咎。

【九三】公用亨于天子，小人弗克。

【九四】匪其彭，无咎。

【六五】厥孚交如，威如，吉。

【上九】自天佑之，吉无不利。

【象曰】火在天上，大有；君子以遏恶扬善，顺天休命。

【大有卦】大亨通。

【初九】不交往招祸，没有祸患，艰难则无祸患。

【九二】大车载重物，有所前往，无祸患。

【九三】公侯献礼于天子，小人不能担当大事。

【九四】不过盛，无祸患。

【六五】以诚信交接上下，有威望，吉祥。

【上九】上天保佑，吉祥，无所不利。

【大象】火在天上，大有卦；君子要遏恶扬善，顺天休命。

| 诠释 |

这个卦象：上为离，表示火；下为乾，表示天。火带给人兴旺的感觉，谁家日子过得好，那叫"日子过得像盆火似的"；谁出名了，那叫"火了"；谁家生意好，那叫"红红火火"。这里的火也表示太阳，太阳高居天上，那叫"如日中天"。所以，圣人命名此卦为"大有"，意思就是大富有。

谁都想大富大贵，但实际能大富大贵的并不多，而且能保富终生、富泽三代的就更少了。对此，圣人认为要注意以下几点。

一、**不招事，不惹事，埋头苦干，闷声发财**，即孔子所谓，"素位而行"。

二、要有大德大才才能担得起大富贵。孔子所谓，"**士不可不弘毅，任重而道远**"。赚钱是考验综合素质的，智商、情商、身体素质、心理素质、技能、人脉、机遇，缺哪一样都不可以。举重若轻，行有余力，才能做大。

三、上下通吃。**孔子所谓，"君子上达，小人下达"**，可要赚大钱，就得上下都达，既结交上层，又得下层辅佐。

四、不膨胀，不骄傲。子贡所谓，"富而无骄"。

五、待人以诚，威信自著。孔子所谓，"富而好礼"。

六、敬畏命运，感恩天佑。子夏所谓，"死生有命，富贵在天"，你之所以富有，不在于你多伟大，说到底是因为幸运，是因为命运的眷顾垂爱。松下幸之助就讲过，自己的成功，5%靠自己的勤奋努力，95%靠命运。心怀此念，言行就不会出大问题，可以保富。

圣人进一步强调，富人想保富，尤其要"遏恶扬善，顺天休命"，遏制丑恶，弘扬慈善，以此来顺应天道，实现生命价值。

俗话说，男人有钱就变坏，人不风流只为贫。圣人洞悉这种人性弱点，所以他强调，保富首要的是"遏恶"，要把持好自己，控制欲望，不要为非作歹，不要作恶。

那么，这种冲动的恶的能量，怎样遏制呢？大禹治水讲究的是疏通，遏制恶，最好的办法，就是行善。行善带来的满足感深远绵长，是作恶时的短暂快感无法比拟的。

富人行善就是顺应天道。天道是什么？老子讲，"天之道，损有余，而补不足"，你富了，你有余钱、余力，拿出来补一下别人的不足，这就是天道。《易经·系辞》中讲，"天地之大德曰生"，天地的大德大道就是生存与发展——不是某个人的生存与发展，而是全人类的生存与发展。你贡献自己的力量，帮助别人一起更好地生存与发展，就是顺天。

顺应天道，必有好报。西方的富豪都知道这个道理，比尔·盖茨、巴菲特都做慈善，捐出去的越多，赚回来的就越多。俗话说，"明地里出去，暗地里回来"。（详见损卦解读）

《易经·文言》里还讲："积善之家，必有余庆；积不善之家，必有余殃。"保富法就在这里面。

进一步讲，穷富都是相对而言的，行善关乎天道，无关财富。马路上有块砖头，自行车轧上去就有危险，你把它拿到不碍事的地方，就是行善，送人玫瑰手留余香。

谦：谦之又谦

| 经文 | | 直译 |

【谦】亨，君子有终。

【初六】谦谦君子，用涉大川，吉。

【六二】鸣谦，贞吉。

【九三】劳谦君子，有终，吉。

【六四】无不利，㧑（huī）谦。

【六五】不富，以其邻，利用侵伐，无不利。

【上六】鸣谦，利用行师，征邑国。

【象曰】地中有山，谦；君子以裒多益寡，称物平施。

【谦卦】亨通，君子有善终。

【初六】谦而又谦的君子，可以涉越大河险阻，吉祥。

【六二】以谦虚闻名，守正吉祥。

【九三】勤劳而又谦虚的君子，有好结果，吉祥。

【六四】没有不利，发挥谦虚之德。

【六五】不自满，与邻人一起，利于侵伐，无所不利。

【上六】以谦虚闻名，利于出兵，征伐小国。

【大象】地中有山，谦卦；君子要减去多的，增益寡的，权衡事物，公平施与。

| 诠释 |

这个卦象：上为坤，表示地；下为艮，表示山。山藏在地下面，就像一个人把实力隐藏起来，示人以平易。所以，圣人称此卦为"谦"，是给予谦虚最无保留的褒扬。卦中的六个爻辞全部为吉（无不利），这在六十四卦里是绝无仅有的，而且也都比较明白易懂，下面展开解析。

第一，"谦谦君子，用涉大川，吉。"谦谦君子，让你想到的是孔子的"温良恭俭让"，是两获奥斯卡金像奖的华人导演李安带着几分腼腆的笑容，这样的人是真正可以任重致远的。谦谦，就是谦之又谦，太精妙了。

第二，"鸣谦，贞吉。"凡事应谦虚，唯谦虚本身不必谦虚，就像"当仁不让于师"。只要是由衷的谦虚，而不是邀名，有谦虚之名，绝对是好事。

第三，"劳谦君子，有终，吉。"谦虚待人，勤劳做事，什么事都会办成。

第四，"无不利，㧑谦。"把谦的理念应用于各种事务的处理，都会有好处的。比如凡事留有余地，抱残守缺，都是谦的理念。《汉书·艺文志》里讲的整个道家思想体系都是从谦卦中来的。

第五，"不富，以其邻，利用侵伐，无不利。"谦虚的人容易得到盟友的帮助。

第六，"鸣谦，利用行师，征邑国。"谦虚其实是一种谋略，隐藏实力，让敌人放松戒备、麻痹大意，然后出其不意战胜他。

《尚书》讲："满招损，谦受益。"这是最古老的中国智慧。现实生活中，人们都喜欢谦虚的人，谦虚的人常常如春风一样。谦虚的人是内心强大的人，而与外在的实力无关。一个人可能会很贫穷，但是如果他仍然谦虚，不怕别人轻视，就是强大的，这样的人早晚能发展起来；一个人若位高权重，并且他的谦虚是由衷的，必然是基于对生命深刻的敬畏与感恩，这样的人也不会失败。

那么，圣人总结谦卦，"君子以衰多益寡，称物平施"，是什么意思呢？应当是基于"扬谦"的思想，对谦的提升与发挥：凡待人处世，要把多出来的削下来，分给少的；要称量好某个东西，按统一标准给予别人。

从个人的角度讲，就是要不势利，对谁都要一视同仁：对权贵不谄媚，对不如自己的人也不轻视。从社会的角度讲，就是维护公平，抑豪强，扶弱小，保持社会各方面的平衡发展。《黄帝四经》中讲，"应化之道，平衡而止"，平衡是道家思想的大智慧。

总之，"谦，亨，君子有终"。谦虚之人，凡事顺遂，一生平安，最终会落得好结果。

豫：你快乐吗

| 经文 | 直译 |

【豫】利建侯行师。

【初六】鸣豫，凶。

【六二】介于石，不终日，贞吉。

【六三】盱豫，悔。迟有悔。

【九四】由豫，大有得。勿疑，朋盍（hé）簪。

【六五】贞疾，恒不死。

【上六】冥豫，成有渝，无咎。

【象曰】雷出地奋，豫；先王以作乐崇德，殷荐之上帝，以配祖考。

【豫卦】利于封建诸侯出兵征战。

【初六】自鸣得意，高兴过了头，凶险。

【六二】耿介如石，不等一天过完，守正吉祥。

【六三】媚眼悦上求欢，将悔恨，迟缓更有悔恨。

【九四】快乐由来，大有所得。勿犹疑，朋友如发聚于簪般围聚。

【六五】守持正固，防备疾病，恒久不死。

【上六】昏庸享乐得恶果，有转变，则无灾祸。

【大象】雷出地奋，豫卦；先代君王因而创作音乐，崇尚美德，隆重祭祀天帝和祖先。

| 诠释 |

这个卦象：上为震，表示雷；下为坤，表示地。大地上仿佛有隆隆的雷声震动，这是怎么了？是先民们鼓乐喧天的庆典。农村过年时，最热闹喜庆的莫过于敲锣打鼓跳秧歌的场面，鼓声震得大地发颤。所以圣人命名这个卦象为"豫"，就是愉悦、快乐的意思。

圣人认为，快乐是好的。快乐意味着健康饱满的身心状态，意味着信心的增长、士气的高涨，这时"利建侯行师"，是组织人们出师征战、建立诸侯国、开拓事业的好时机。

并且圣人强调了以下几点。

一、不要把自己的快乐搞得人尽皆知，因为对有些人那可能是一种刺激，甚至是伤害。

二、快乐要适度，不能沉湎其中，迷失自我。圣人讲"介于石，不终日，贞吉"，意思是对快乐要能免疫，快乐要可控。

三、不要靠取媚于人，以博取快乐。那样的快乐太苟且，也长久不了。恋爱中的人，应当注意这一点，你对恋人委曲求全，也难保他（她）不会弃你而去。

四、做大家的快乐之源。要用自己的快乐的情绪、乐观的精神影响别人，要善于用笑容传递正能量和拉近与别人的距离，这样才能凝聚人心。范仲淹讲"后天下之乐而乐"，天下人都乐了，才是他真正的乐。这里你不妨说，一家人都乐了，才是你真正的乐；一支团队都乐了，才是你真正的乐。秉持这样的心态，谁会不愿意团结在你身旁呢？

五、快乐之人少生病。

六、享乐断送成功。

另外，更为深刻的两点，包含在"先王以作乐崇德，殷荐之上帝，以配祖考"中。

"作乐崇德"，可以理解为，一个决策者要引导人们享受高雅、高尚的乐趣。

"殷荐之上帝，以配祖考"，可以理解为，在快乐时，要饮水思源，感谢上天的赐予和祖先的福荫。这是尤其重要的。

随：随、随、随

经文	直译

【随】元，亨，利，贞，无咎。

【初九】官有渝，贞吉。出门交有功。

【六二】系小子，失丈夫。

【六三】系丈夫，失小子。随有求得，利居贞。

【九四】随有获，贞凶。有孚在道，以明，何咎？

【九五】孚于嘉，吉。

【上六】拘系之，乃从，维之，王用亨于西山。

【象曰】泽中有雷，随；君子以向晦入宴息。

【随卦】元始，亨通，有利，贞固，无灾祸。

【初九】观念转变，守正吉祥。出门交往可有成功。

【六二】系恋小子，失去丈夫。

【六三】系恋丈夫，失去小子。随人有求必得，利于安居守正。

【九四】随人有收获，守正防凶。诚信有道，光明立身，有何灾祸？

【九五】诚信于嘉美之人，吉祥。

【上六】拘捕控制住，才服从，捆上，君王祭祀于西山。

【大象】泽中有雷，随卦；君子到了晚上就休息。

| 诠释 |

这个卦象：上为兑，表示湖泽；下为震，表示雷。把一块巨石投到湖水中，发出雷鸣般的巨响，同时波浪一圈一圈荡漾而开，后浪紧随着前浪。于是，圣人想到这个"随"字，就是跟随，以及类似的含义。圣人认为，把"随"吃透用活，可以"元，亨，利，贞，无咎"，意思是，可以创造，可以顺达，可以获利，可以平安。圣人讲解了以下几点。

一、**思想应随时而变，才能随时成功。**

二、**追随就是抉择，是有机会成本的，**例如你嫁了张三，就错过了李四，也可能就错过了一生幸福。

三、跟对人，一顺百顺。

四、靠追随模仿所得的收益，是有隐藏风险的，尽量取之有道。

五、**诚心向善，取法乎上，见贤思齐，是正道。**

六、识时务者为俊杰。在大时代背景下，个人是极脆弱而渺小的，为了生存，要勉强为之。而且，有心栽花花不开，无心插柳柳成荫，随时随势而为之更可能成功。

总结这个随就三条：**跟随人，跟随潮流，跟随大道。**

关于跟随人主要有三方面：一是跟人学，二是跟人干，三是听人劝吃饱饭。这三样都要跟对人，而且要跟紧，别落后，你这辈子能差得了吗？反之，若没跟对人，跟随的是误人子弟的老师、被"双规"的领导、尽出馊主意的朋友，你跟着不倒霉才怪。

或者，你根本没有名师指点，也没有贵人提携，更没有朋友帮助，全凭自力更生、艰苦奋斗，那真是"路漫漫其修远兮"，出头很难。当然，这三方面包括各种形式，如父亲可能同时兼具这三重身份，对手有时也是老师等。另外，随的含义是，随和、随从、从善、随心、随意，也是修养自身的意思。

关于跟随潮流。天行健，宇宙万变，一个人不能两次踏入同一条河流，所有的事物都随着时间发生或大或小的变化。用今天的观念来看待昨天的东西或分析昨天的事情，就会错位。重温20年前的春节联欢晚会，会不会感觉当时的衣着打扮很土气，可是20年前看时，却感觉非常时尚。

时代发展也有一个加速度，变化越来越快，如果你不看报纸和电视，不上网，不玩手机，一两年后就会感觉这个世界很陌生。《易经》在这个问题上有清醒而深刻的认知，提醒你"天下随时""与时俱进""与时偕行"，不能在观念上犯"刻舟求剑"的错误。

关于跟随大道。潮流在变，大道不变。大道是什么？大道就是真理，就是规律，就是被历史证明过的正确的思想和价值观。大道在哪里？这似乎很难回答，不过，笔者认为：大道在经典里——包括经典的书籍与范式。之所以称其为经典，就是它们被大多数的人认可，让大多数人受益，最近于道。所以，跟随大道就是取法乎上，学习并践行经典。

随卦思想对于整个东亚文化都影响至深。例如，中国经济的崛起，不论产品还是商业模式，早期有些时候模仿与跟进了欧美企业。因此，被诟病为缺乏创新，但发展是硬道理。

总之，不论做人还是做企业，跟随、跟进、跟上，都是影响成败的大问题。这方面功夫到家的人，就如"向晦入宴息"，日出而作，日落而息，自然无为，而元亨利贞。

忽然想到，有些人爱攀比，可能也与此卦有关吧。

蛊：乱是机遇

| 经文 |

【蛊】元亨，利涉大川。先甲三日，后甲三日。

【初六】干父之蛊，有子考，无咎，厉终吉。

【九二】干母之蛊，不可贞。

【九三】干父之蛊，小有悔，无大咎。

【六四】裕父之蛊，往见吝。

【六五】干父之蛊，用誉。

【上九】不事王侯，高尚其事。

【象曰】山下有风，蛊；君子以振民育德。

| 直译 |

【蛊卦】大亨通，利于涉越大河险阻。先甲日三天，后甲日三天。

【初六】匡正父辈积弊，儿子成就先业，无灾祸，经历危难终获吉祥。

【九二】匡正母辈积弊，不可固执认真。

【九三】匡正父辈积弊，小有悔恨，无大灾祸。

【六四】宽裕迟缓地匡正父辈积弊，往前会出现遗憾。

【六五】匡正父辈积弊，获得称誉。

【上九】不侍候王侯，以自己所做的事为高尚。

【大象】山下有风，蛊卦；君子要振济人民，涵养德行。

| 诠释 |

这个卦象：上为艮，表示山；下为巽，表示风。平原上的风无所遮拦，直来直往，要么东风，要么西风，要么东南风，极个别情况也有龙卷风，但它的旋转是有方向的。而山脚下、山坳里的风不一样，因为被山阻拦，风向会随坡就势，有的地方向左，有的地方向右，有的地方向下，有的地方向上，就像蛊虫钻到人肚子里乱撞乱咬一样。于是，圣人命名这个卦为"蛊"，意思就是内部的祸乱或积弊。面对这种情况怎么办呢？圣人提出以下几点意见。

一、关系大局的问题，要克服一切困难，坚决拨乱反正。

二、对于无关大局但较敏感的问题（比如情感的问题），在治理时要留有余地，灵活掌握，具体问题具体分析，采取不同的适宜的解决方法。

三、治乱要从根上下手，毕其功于一役；如果找不出问题所在，仅仅看到表面的乱象，就不要轻举妄动，避免治标不治本，陷入被动。

四、有病早治不能拖，越拖越难治。

五、治乱或匡正积弊，应当正大光明，加大宣传动员力度，统一思想，合众人之力。这个过程将利于树立新权威。

六、功成身退，不贪天功。曾国藩平定太平天国后，再也不跟人提这件事情。

圣人强调君子应当承担"振民育德"的责任，对祸乱中凋敝的各项事业要重新振兴恢复，对祸乱中遭受戕害的人心要好好抚慰，对在祸乱中扭曲和颠覆的价值观要重新培育和树立。

政治、经济、文化的发展，都是振民；大力弘扬自力更生、艰苦创业的民族精神，推动传统道德和价值观回归，都是育德。要格外注意一点：乱世对经济的破坏不是最主要的，对人心的破坏才是最主要的，恢复起来太难了。

"乱"的背后往往是苦难和各种惨痛的代价。然而圣人认为，"蛊，元亨，利涉大川。先甲三日，后甲三日"。"乱"是暂时的，大乱方有大治；"乱"是机遇，是创业发展的契机。三年河东不足忧，三年河西万事成。

有道是，乱世出英雄。天下太平，英雄无用武之地。单位里平日都是常规工作，谁做都一样。只有出现问题时，或出现危机时，优秀人物的价值才能显现出来，并能赢得关注与尊重。所以，如果你是优秀的，当一个烂摊子摆在眼前时，要告诉自己机会来了。不过，不要唯恐天下不乱，故意把事情搞砸。

在商业上，企业的扩张离不开大量兼并，这中间要把握好的也是蛊卦的精神。

当然，英雄都是不好当的，在拯救别人之前，你得足够强大，而且"振民育德"必然是一个渐进的，需要多方协调、周密落实的过程，必须有耐心、有毅力。

临：决策者的四个关键词

| 经文 | 直译 |

【临】元亨，利贞。至于八月有凶。

【初九】咸临，贞吉。

【九二】咸临，吉无不利。

【六三】甘临，无攸利。既忧之，无咎。

【六四】至临，无咎。

【六五】知临，大君之宜，吉。

【上六】敦临，吉无咎。

【象曰】泽上有地，临；君子以教思无穷，容保民无疆。

【临卦】大亨通，利于守正。到八月有凶险。

【初九】以感情临下，守正吉祥。

【九二】以公平临下，吉祥，无所不利。

【六三】以甜言小惠临下，无所利，如果忧惧改正，则无灾祸。

【六四】至为亲近以临下，没有灾祸。

【六五】以智慧临下，大人君主宜如此，吉祥。

【上六】以敦厚临下，吉祥，无灾祸。

【大象】泽上有地，临卦；君子要做无穷的教化、思考，要给人民无边的包容和保护。

| 诠释 |

这个卦象：上为坤，表示地；下为兑，表示湖泽。站在地面上，看下面的湖水，正是一副居高临下的架势。所以圣人命名此卦为"临"，并引申为决策者对待下属的态度与方式。对此，圣人提出了以下意见。

一、**以感情待下**。曾国藩带兵讲究恩威并重，认为恩莫大于仁，要有父兄带子弟之心，要己欲立而立人、己欲达而达人。

二、**以公平待下**。对下属要一视同仁，不能分出亲疏远近。否则，亲者骄、远者怨，就容易出问题。

三、不能靠花言巧语，开空头支票，也不能只靠钱财来维系和驱动。《史记》讲"**以权利合者，权利尽而交疏**"，若只能同富贵，不能共患难，真遇到事情时，谁也指望不上，多悲凉。

四、与下属打成一片，平易近人，从群众中来到群众中去。比如刘邦，在大臣面前有威严，跟小城门官却一点儿架子也没有，能一起闲聊。

五、管理是学问，要靠智慧，特别是大的组织构架，必须形成科学的管理体系。

六、以厚道、朴实、深沉的人性无为而治，是管理的最高境界。

圣人作出总结，凡决策者应当"教思无穷，容保民无疆"。这句话里，提出了决策者的四个关键词。

教，教导。决策者首先是一个教师的角色，就像教育学生一样教育、培训、指导下属开展工作。现实中，很多决策者都有教师的职业背景，马云、俞敏洪等著名企业家是教师出身。**古代知识分子一般有两条出路：科举成功的做官，不成功的做教师。**

思，思考。卓越的决策者基本都是思想家。思想的高度，决定人的高度，也决定事业的高度。很多基层领导谈不上多有思想，但起码要善于思考，对于面临的各种问题，都能想出合适的解决办法。

容，包容。在解读师卦时，已经展开讲解，决策者胸怀要足够广大，事业的平台要足够广大，要能容得下各种人。关于包容，有一点很重要：要主动忽视小问题，因为水至清则无鱼。要谨记一句俗语：不聋不瞎不能当家。东汉名将班超当了30年西域都护，统御西域36国，最后传授继任者经验：宽小过，总大纲。

保，保障。要保障下级人员的各种需求，要给他们遮风挡雨。跟着你一起做事情，物质上得有足够的回报，精神上也能很愉快。

教导和思考，在时间的轴线上没有穷尽；包容和保障，在空间的轴线上没有边界。这就是决策者的责任，你是否承担得起呢？

观：观人观己观天地

| 经文 |

【观】盥而不荐，有孚颙（yóng）若。

【初六】童观，小人无咎，君子吝。

【六二】窥观，利女贞。

【六三】观我生，进退。

【六四】观国之光，利用宾于王。

【九五】观我生，君子无咎。

【上九】观其生，君子无咎。

【象曰】风行地上，观；先王以省方，观民设教。

| 直译 |

【观卦】只进行了祭祀的盥礼，还没有进献祭品，已经充满诚信敬穆的样子。

【初六】像儿童一样观察，小人无灾祸，君子有遗憾。

【六二】透过门缝观察，利于女子守正。

【六三】观察自我行为，抉择进退。

【六四】观察国家的光辉，利于成为君王的贵宾。

【九五】我的行为被人观察，君子没有灾祸。

【上九】观察别人的行为，君子没有灾祸。

【大象】风行地上，观卦；先王巡视四方，观察民情，设立教化。

| 诠释 |

这个卦象：上为巽，表示风；下为坤，表示地。风从大地上掠过，所有的草木都顺风倾向于一个方向。例如，广场上各种各样的旗帜齐刷刷地顺风招展，风使它们在方向上呈现出相同的特质。类似于同一个地方的人民，在性格、观念上也会呈现出相同的特质，民风、风俗等概念就是由此而来的。于是，圣人想到观察的意义，并且，对于观察有以下见解。

一、无见识者，只看表面，所得甚浅。观察者必须具备丰富的知识和经验，才能透过现象看本质，才能看出真实情况。同样一个事物，不同人看到的常常是不同的。禅宗有个著名的段子：修道之前，看山是山，看水是水；修道之间，看山不是山，看水不是水；修道之后，看山还是山，看水还是水。

二、观察必须全面，不能片面，不能盲人摸象。要处处留心，可在不经意间看到问题，要相信直觉。

三、观察不但向外，还要向内，要反观自我，跳出自己看自己。

四、重在见识，大丈夫当壮游天下，识天下之大局大势和山川要塞，才堪国之大用。观察者要有广阔的视野，视野有多大，人的层次就有多高。有全球视野的人是国际化的人才；眼睛只盯着单位里那几个位置的人，可能善于捞取现实的好处，但不会有大发展。另外，观察不等于挑毛病，要发现真善美，要看到别人的优点，这对于立身处世是有利的。

五、你站在桥上看风景，看风景的人在楼上看你。每一个观察者同时也是被观察的对象。你经得起别人的打量吗？

六、别人是自己的镜子，通过别人能看到自己。

圣人总结全卦，认为目击而道存，重要的是对观察的东西得出一个结论，而不是只看到一堆素材。

最后，圣人又提升了观察的层次，提出决策者要"省方，观民设教"，要广泛地观察民风，进而用适宜的方式教化民众。这里强调了以下几层意义。

一是巡视。领导应当天天到办公室转一转，据说某公司的创始人有个习惯，天天在公司各个办公大厅里穿梭，有问题就地解决。

二是现场有神灵。这是稻盛和夫的话，很多问题不到现场，没有感性的观察体验，根本想不到解决办法；而一到现场就有灵感，如有神灵相助。

三是对问题要进行总结，发现共性的东西，从而从根本上解决。

四是观察最终是为了教化，领导不应只是一个解决具体问题的人，而应当是一个传播共同价值观的人。

噬嗑：暴力与刑罚

| 经文 |

【噬嗑】亨。利用狱。

【初九】屦（jù）校灭趾，无咎。

【六二】噬肤灭鼻，无咎。

【六三】噬腊肉，遇毒；小吝，
无咎。

【九四】噬干胏（zǐ），得金矢，
利艰贞，吉。

【六五】噬干肉，得黄金，贞厉，
无咎。

【上九】何校灭耳，凶。

【象曰】雷电，噬嗑；先王以明罚
敕法。

| 直译 |

【噬嗑卦】亨通，利于用刑狱。

【初九】脚上戴了刑具，伤灭脚趾，
没有灾祸。

【六二】咬进肉里，伤灭鼻子，没
有灾祸。

【六三】咬腊肉，肉中有毒；小有
遗憾，没有灾祸。

【九四】咬干骨头上的肉，得到金
属箭头，利于艰持守正，吉祥。

【六五】咬干肉，得到黄色金属，
守正防危，没有灾祸。

【上九】脖子上套了枷锁，伤灭耳
朵，凶险。

【大象】雷电，噬嗑卦；先王要严
明刑罚，整饬法务。

| 诠释 |

这个卦象：上为离，表示闪电；下为震，表示雷。雷电夹击，中间的东西就像被牙齿咬，所以圣人把这个卦命名为"噬嗑"，就是咬的意思。用手能开启啤酒瓶盖的人极少，但用牙能咬开的人很多。

人身上最有力的地方就是牙齿，而且有攻击性，老虎、狮子、狼等，咬是它们的致命攻击方式。于是，圣人顺理成章地想到刑罚。

然后，圣人讲了施用刑罚的道理，列举刑罚都是酷刑，以及用刑与招供之间的博弈关系等。

不过这里也可看到，《易经》没有温情脉脉，而是冷峻的，因为现实本身很残酷，有些问题离不开暴力的解决方式。刑罚的本质就是以暴制暴。用刑与普通人的生活相去较远，所以不妨从暴力的角度简单理解如下。

第一，使用小的暴力，没有问题，不一定动手才是暴力。

第二，使用暴力要找对对象，分清场合。

第三，打人一拳，防人一脚。

第四，**对抗角力要有死磕精神，坚持就是胜利。**

第五，暴力可得暴利，也可得横祸。

第六，好战必亡。

下面回到圣人本来的思路，分析圣人强调的——决策者应当"明罚敕法"。

明罚，就是让人们明白一旦做了犯法的事，会受什么样的刑罚。

在企业管理上这一点同样重要，对于那些禁止的事情、不能犯的错误要向每个员工明确强调。

敕法，就是违法必究、执法必严。唯其如此，法才有意义。

　　总之，噬嗑卦讲的刑罚，不但反映了法家的精神，也是儒家所强调的。《左传》里记载了著名政治家子产的一段论述，"夫火烈，民望而畏之，故鲜死焉；水懦弱，民狎而玩之，则多死焉。"意思是若着火了，人们都会害怕，离得远远的，所以很少有被火意外烧死的人；水的可怕没有火那么明显，结果被水淹死的人很多。法家有句名言：刑期于无刑。用重刑的目的在于让人不犯法，不受刑。

　　古人还有一个观念：治乱世用重典。乱世好比原始丛林，人性恶的方面彰显，不尊重人的生命，人心狂躁，常规的刑罚起不到震慑作用。

　　还有一些非常时刻，比如战斗中士兵败退。美国大片《兵临城下》就演过一个这样的场面，冲锋的士兵后面架着机关枪，如果有人撤退就用机关枪扫射。人类社会所有的胜利都有一个类似的场面作背景。这就是刑罚的意义。

贲：漂亮就是生产力

经文	直译

经文

【贲】亨。小利有攸往。

【初九】贲（bēn）其趾，舍车而徒。

【六二】贲其须。

【九三】贲如，濡如，永贞吉。

【六四】贲如，皤如，白马翰如，匪寇婚媾。

【六五】贲于丘园，束帛戋戋，吝，终吉。

【上九】白贲，无咎。

【象曰】山下有火，贲；君子以明庶政，无敢折狱。

直译

【贲卦】亨通。稍利于有所前往。

【初九】修饰脚趾，舍弃乘车而徒步。

【六二】修饰胡须。

【九三】干净利索，润泽宜人，永远贞固吉祥。

【六四】干净利索，白衣飘飘，白马骏逸，不是强盗，而是来求婚的。

【六五】修饰于丘园，持微薄的丝帛，稍有遗憾，终得吉祥。

【上九】素白的修饰，没有灾祸。

【大象】山下有火，贲卦；君子要修美显明政务，但不能将虚饰用于折狱断案。

| 诠释 |

这个卦象：上为艮，表示山；下为离，表示火，也表示太阳。太阳刚刚落到山下时，如同给山打了背光，山峦镶上金色的边，又有朦胧之感，在彩霞映衬之下，分外柔和漂亮。于是圣人命名此卦为"贲"，就是修饰、美化的意思。

对此，圣人讲解了以下几点。

一、人们常常为了追求美而不辞辛劳。为了让别人看到自己穿着一双漂亮的鞋子，宁可步行而不坐车，为虚荣而不务实。

二、以美丽的容貌取悦异性是人之天性。

三、外在的美丽加上内在的强大才是完美的。文质彬彬，然后君子。无本不立，不文不行。

四、美即幸运。美者通吃。

五、酒香不怕巷子深，美有助于成功。

六、自然最美，化妆但看不出化妆；装点纹饰但看不出纹饰；素雅才是最高境界。美得太假太夸张，"一笑掉粉"就适得其反了。

爱美之心，人皆有之。不但人有，动物也有。雄孔雀开屏，就可以取悦雌孔雀，进而达到与其交配的目的。据说，达尔文研究进化论时曾经被孔雀的这条笨重的大尾巴给难住了，因为按他的理论，这条大尾巴是不适合生存的，既影响捕食，又影响逃生，早该在进化过程中变短变小了。最后他发现，物种进化还有一大驱动力，就是向着更容易找到配偶的方向进化。这种深刻的生物特性塑造了人类的性意识及广泛的社会心理，并以微妙的方式，在各种问题上影响着人们的行为。

看很多成功人士，长得漂亮的人占多数，人不可貌相的都是特例，不论政界、商界，也不论男女。因为长得漂亮，在无形中可以赢得更多的好感，从而拥有更多的资源和机会。用流行语讲就是：漂亮就是生产力。由此不难理解各国异常庞大的美容产业和整容的人们了。

乔布斯说他成功得益于当年对字体设计的学习，在字体设计学习中培养的审美能力，使他的产品比其他产品更漂亮。索尼公司电子产品制造商同样高度重视产品设计，力求产品更漂亮。同样的功能，漂亮就更好卖；甚至功能差一点儿也不要紧，只要够漂亮，照样好卖。

总之，要努力让自己更漂亮，让自己的产品更漂亮，让自己的服务更漂亮，让自己的公司、团队、组织形象更漂亮，就更容易成功。用商业术语讲就是包装。

最后，回到圣人讲的"君子以明庶政，无敢折狱"。意思是，政务上也应当树立公正的形象。

剥：基础不牢地动山摇

| 经文 | 直译 |

【剥】不利有攸往。

【初六】剥床以足，蔑贞凶。

【六二】剥床以辨，蔑贞凶。

【六三】剥之，无咎。

【六四】剥床以肤，凶。

【六五】贯鱼，以宫人宠，无不利。

【上九】硕果不食，君子得舆，小人剥庐。

【象曰】山附于地，剥；上以厚下安宅。

【剥卦】不利于有所前往。

【初六】床的剥落从床尾开始，邪灭正，凶险。

【六二】床的剥落已至床帮，邪灭正，凶险。

【六三】剥落它，没有灾祸。

【六四】床的剥落已至床面，凶险。

【六五】鱼贯而进，引领宫女承宠，无所不利。

【上九】硕果没有吃，君子得到乘舆，小人掀掉屋顶。

【大象】山附于地，剥卦；君子要加厚基础，安稳宅屋。

| 诠释 |

这个卦象：上为艮，表示山；下为坤，表示地。山在地面上，这看似没有问题，但圣人认为山如果真的完全在地面上，那就相当于一座假山，它与大地是剥离的，是不牢固的。圣人可能见过山体滑坡或泥石流的吧。

如果事物之间附着不强，难免剥离、剥落，所以圣人命名此卦为"剥"，表示一种没有基础、无根基的状态。对此，圣人有以下几点看法。

一、无根基的漂泊难有成。有很多人大学毕业后选择去北京、上海等一线城市发展，能真正在大城市扎根的却极少。

二、没有根据的话不要讲。孔子讲"道听途说，德之弃也"。不传播小道消息，不转发不可靠的微博，不在微信群里转发很多人在转发却未经证实的消息。另外要言而有信，一诺千金，不要轻易许诺。

三、扎根地下固然稳定，但要踮起脚或要跳起来才能够到上面的事物时，也要大胆尝试。

四、如果自己没有一点根基，只能依附别人，是很被动的。

五、根基是相对的，土壤也是相对的，没有根基要争取借势开花。

六、多数人的生活就像剥洋葱，剥掉一层里面又是一层，直到剥完为止。少数人的生活像剥核桃，剥开坚实的皮能吃到里面的果实。

最后，圣人强调要"厚下安宅"，做人做事要把根基扎稳，把基础打牢。

有句话说万丈高楼平地起。其实没有哪个高楼是平地建起的，即使是建造平房都得打一两米深的地基，并且打地基的施工量通常占了整个施工量的很大部分，不然"基础不牢地动山摇"。圣人和普通人的思维模式是相似的，同样是讲打好基础，圣人用"安宅"作比喻，普通人用建楼盖房作比喻，而且"基础"本身就是从建筑术语引申而来的。

关于打基础，可以从以下三方面理解。

一是基本功。中国文化中特别强调基本功，很多行业都如此。所谓基本功，就是那些最简单的，也是最常用的技术和功夫。这些基本功，最好在年纪很小时就完全掌握，称为童子功。童子功是在训练中成长，在成长中训练，很容易融入身心和生命里，以后再使用时，就能自然从容。基本功靠的是不断重复练习，最磨时间，而童年时光富裕，不浮躁，所以最适宜。笔者练书法近20年，一直没有大长进，原因可能就是没有童子功。

二是基业。不论做什么事，都要在能力范围内一点点壮大，一点点发展，长一分是一分，长一寸是一寸，早晚会成功。

拿做学问来讲，要给自己画出个圈来，这个圈可以很小，但在圈里就必须要求自己精益求精。守住这个圈，就是基业，然后再想办法拓展。

三是群众基础。周围的亲朋好友、同事伙伴就是群众基础。没有他们，你就是无水之鱼。

另外，植物的基础在根系，河流的基础在源头，文化的基础在经典。拿读书来讲，不阅读经典如经史子集著作，只读其他杂书，也是无根之草，无源之水，是立不住的。中医养生讲究强根固本，不但养生如此，凡事莫不如此。

复：天地之心

| 经文 | 直译 |

【复】亨。出入无疾，朋来无咎。反复其道，七日来复，利有攸往。

【初九】不远复，无祗（zhī）悔，元吉。

【六二】休复，吉。

【六三】频复，厉无咎。

【六四】中行独复。

【六五】敦复，无悔。

【上六】迷复，凶，有灾眚。用行师，终有大败；以其国，君凶。至于十年，不克征。

【象曰】雷在地中，复；先王以至日闭关，商旅不行，后不省方。

【复卦】亨通。出入无疾病，朋友来，无灾祸。循道反复而行，七天复归一次，利于有所前往。

【初九】走出不远就返回，无灾无悔，大吉祥。

【六二】美好地回复，吉祥。

【六三】频繁地回复，有危险，而无灾祸。

【六四】居中而行，单独回复。

【六五】敦厚地回复，没有悔恨。

【上六】迷途不能回复，凶险，有灾祸，如带兵打仗，最终会大败；如治国理政，君王将遇凶险。十年之内，不能打胜仗。

【大象】雷在地中，复卦；先王在冬至这天锁闭关门，商旅不出行，君王不出去巡视。

| 诠释 |

这个卦象：上为坤，表示地；下为震，表示雷。就像雷在大地的深处鼓动，生长的力量再次醒来。北方的春节，大地还是冰雪覆盖，家家门上的春联，却都写着：一元复始，万象更新。是的，乌云遮不住太阳，冰雪锁不住春天。

圣人从这个卦象看到的正是四季轮回，以及其背后的天道。即"复"。圣人讲，"复，其见天地之心乎"，循环往复，是天地运行的内在规律。这种观念成为中国哲学的一大原理，尤其是道家思想的核心，《道德经》所谓：反者，道之动。

对此，圣人讲了以下几点。

一、关于"复"的道理，越早觉悟越好。佛家讲苦海无边，回头是岸，上场即念下场时，早觉悟，早成佛。

二、身已远，心已回。顾城有一句诗：在春天，你把手帕轻挥，是让我远去，还是马上返回？

三、翻来覆去不好，但多修正几次没坏处。

四、物极而反，天之道。日中则昃（zè），月盈则缺，走到山顶时就该好好安排下山的事了。股神巴菲特说：在别人贪婪时恐惧，在别人恐惧时贪婪。

五、回归内心，回归家园，回归平淡，甚至回归尘土，这是温暖的必经之路，要享受这个过程，不怨不悔。

六、迷途不知返，执迷不悟，没得救。

四季流转是因为地球的公转，昼夜的往复是因为地球自转。月亮绕着地球旋转，地球绕着太阳旋转，太阳绕着银河系的某个中心旋转。而旋转，正是"复"的运行模式：从一个点出发，绕一圈，重新回归该点，然后再出发，再回归，如此循环。这是名副其实的"天道"，事物的发展莫不如此。

呼就得吸，上班就得下班，出门就得回家，上山就得下山，跳上去就得落下来，起飞就得降落，上台就得下台，开场就得收场，开战就得停战等。这样的句式可以无穷多地接下去。最终会讲到两点：生就得死，动就得静。

人性的弱点在于只想着进取、拼搏却忽视了最终还要收场，要回归。

把大石头投进湖水，一石激起千层浪，可过一会儿湖水就会恢复平静。相对于动，静才是根本的、常态的。这就是复卦和道家思想要提醒世间人的。

"先王以至日闭关，商旅不行，后不省方。"这句话说明古代就有节假日休息的制度了，古人的节日是冬至、夏至这两天。在这两天所有事务统统停下，全国放假休息。

冬至与夏至这两天有什么特别吗？答案是相当特别。冬至是一年中白天最短、黑夜最长的日子，也就是阳最弱而阴最强的日子，冬至之后，白天变得越来越长，正是复卦表现的一阳初生。夏至反之。圣人强调这点，意在提醒天地人生皆循环往复，无有停歇，应当抓住一些节点，调整自己的状态，该做事就得做事，该休息就得休息。

当然，循环往复不同于原地打转，而是一种"退一步，进两步"的发展方式。如果前面有条沟，你要跳过去，就得先后退几步再助跑。

无妄：安分守己

经文	直译

【无妄】元亨，利贞。其匪正有眚，不利有攸往。

【初九】无妄，往吉。

【六二】不耕获，不菑畬（zī shē），则利有攸往。

【六三】无妄之灾。或系之牛，行人之得，邑人之灾。

【九四】可贞，无咎。

【九五】无妄之疾，勿药有喜。

【上九】无妄，行有眚，无攸利。

【象曰】天下雷行，物与无妄；先王以茂对时育万物。

【无妄卦】大亨通，利于守正，如不正则有灾祸，不利于有所前往。

【初九】不妄为，前往吉祥。

【六二】不耕耘则无收获，不开垦则无良田，利于有所前往。

【六三】不妄为却遭受灾祸。有人在路边系一头牛，被过路人给偷走，村里人却被怀疑而遭灾。

【九四】可以守正，没有灾祸。

【九五】不妄为而偶得疾病，无须用药，会有自愈的喜庆。

【上九】不妄为，行动有灾祸，无所利。

【大象】天下雷行，万物无妄；先王以盛势配合天时，养育万物。

｜诠释｜

这个卦象：上为乾，表示天；下为震，表示雷。天上打雷，震耳欲聋，乌云密布，并伴有霹雳闪电，狂风大作，暴雨倾盆，这样的天气仿佛天神在震怒，谁也不敢在外面行走，都躲进了屋子里。

不光是人类这样，自然界里的动物也都会藏在洞穴里或窝里。所有自以为很了不起的生物，都变得不再自满，这种状态，圣人称为"无妄"。

站在执政者的角度，如果天下人都是这种状态，他们会认为天下就太平了。老子正是这样想的，他说"圣人之治，虚其心，实其腹，弱其志，强其骨。常使民无知无欲，使夫智者不敢为也"。让老百姓都老实无妄，则"清静为天下正"，天下就清静了、稳定了。

怎样才能让老百姓无妄呢？老子认为执政者自己首先要无妄（无为）。这与儒家所说的"**子帅以正，孰敢不正**"的思路是一致的，认为老百姓会上行下效。

可是，《易经》里的圣人没这么乐观，他强调"先王以茂对时育万物"，决策者要以强势和权力震慑天下，这样百姓才会无妄，才会有利于其自身和国家整体的发展。

展开来讲，无妄有两点：一是无妄想，二是无妄为。

无妄想：不奢望能力之外的事。不奢望别人如何善待自己，不去想违法和违反道德的事，不存侥幸心理。

无妄为：非礼勿视，非礼勿听，非礼勿言，非礼勿动。

如果给"无妄"找一个近义词，莫过于安分守己。这个词，很值得认真体会，人要想清楚自己的"分"是什么，"己"是什么，要安守得住。

对此，圣人讲了以下几点，更为深刻。

一、为人处世要临事不惧，好谋而成，谨慎出击，不打无把握之仗。

二、不妄想天上掉馅饼砸到自己头上，要坚信付出才有收获。

三、闭门家中坐，祸从天上来是小概率事件。

四、万一遭受无妄之灾，要冷静应对，身正不怕影子斜，清者自清。

五、俗语说，没做亏心事，不怕鬼敲门。不要被生活的表象困扰，一切总会好起来的。

六、妄与不妄在于时机是否对，抓不准时机，就要安分守己。

再进一步讲，无妄卦最终是一个关于怎样面对人类欲望的问题。安分守己不是某个人的问题，而是人类的问题。网上有句流行语：我可以惯着你，也可以换了你。当人类的狂妄超出自然界容忍的限度时，是否也会被换掉呢？

大畜：做官须知

| 经文 | 直译 |

【大畜】利贞，不家食吉，利涉大川。

【初九】有厉，利已。

【九二】舆说輹。

【九三】良马逐，利艰贞。日闲舆卫，利有攸往。

【六四】童牛之牿，元吉。

【六五】豶（fén）豕之牙，吉。

【上九】何天之衢，亨。

【象曰】天在山中，大畜；君子以多识前言往行，以畜其德。

【大畜卦】利于守正，不在家中吃饭，吉祥，利于涉越大河险阻。

【初九】有危险，利于停止。

【九二】大车脱落轮輹。

【九三】良马奔逐，利于艰苦守正。每日熟练车驾防卫，利于有所前往。

【六四】小牛套上木牿，大吉祥。

【六五】阉割过的猪的牙齿，吉祥。

【上九】畅达的天街，亨通。

【大象】天在山中，大畜卦；君子要记住前人的言行智慧，以积蓄德能。

| 诠释 |

这个卦象：上为艮，表示山；下为乾，表示天。意思是在大山之下别有洞天。按古今中外所有的故事套路，在巨大的山洞里，要么有阿里巴巴的宝藏，要么有武林秘籍。

圣人也是这么想的，他从这个卦象想到了宝藏，想到了丰富的资源，所以命名此卦为"大畜"。

相对之前"大有"的财富外露，**大畜颇有深藏不露的意味，强调要长期隐忍积蓄起来的实力**，包括财力和能力。大畜之人低调内敛、深沉厚重，有城府，适合做高层领导。怎样实现大畜呢？圣人讲了以下几点。

一、**为人做事贵在不断积累，不应急于出头**。当年朱元璋的策略就是"高筑墙，广积粮，缓称王"。

二、**加强内修，把自己的心量修大**。若要汽车载重量大，就得用大功率发动机，车轴、轮胎等都得用大型号的。

三、**加强技能训练**。靠经历事情磨炼自己，也要向高手学，向书本学。

四、小牛要勒着点，不然它会累坏。身边宜有长者规诫辅助。

五、有实力，又能去其骄躁妄动，这样的人能不成功吗？

六、**伏久者，飞必高**。生长期越长的动物往往越长寿，母鸡生下来半年就能下蛋，却活不过几年。

小畜实现了初期的资本积累，是中产阶层。大畜则实现了较大的资本积累，是成功人士，有足够的实力去追求更高的目标，实现生命价值。

怎样才算实现生命价值呢？笔者在解读《大学》时讲过这个问题，

"大学之道，在明明德，在亲民，在止于至善"，把自己的天赋充分发挥出来，尽最大努力造福于尽量多的人，就实现了生命价值。

怎样造福尽量多的人呢？从政是最佳方式。《了凡四训》里讲了袁了凡发愿每年要做一千件善事，有一年任务没有完成，非常苦恼。有位高僧却告诉他，他这一年做的善事早就超标了，因为他作为县官在这一年推行了一项减负政策，使全县上万农户受益，相当于做了上万件好事。

所以，**圣人在大畜卦中讲"不家食吉"**，即要么出来从政，么从事其他造福于民的事业，达则兼善天下，这是正当时的，是吉的。

怎样从政呢？圣人认为要"多识前言往行，以畜其德"：**"多识前言往行"，就是要有见识。**有钱未必有见识，赚钱的经验未必适用于从政。从政要有从政的见识。这些见识从哪儿来？从史书里，从各种掌故里来。

《史记》《资治通鉴》这些史书讲的都是"前言往行"，尤其是帝王将相、官场中事。事是怎么办的，话是怎么说的，在数以千万计的案例中，肯定能找到对应现实问题的那些，从而明白利害得失。

培根说读史使人明智，是很有道理的。不过，史书毕竟隔了一层。现实工作中的那些掌故，给你的教益可能更直截了当。因此，多向前辈请教是有必要的。

"畜其德"，让笔者想到孟子的名言"我善养吾浩然之气"。如果总喜欢把自己的家底都泄露给别人，就会像漏气的皮球。积聚实力而不外露，就像这个卦象，把天藏在山里，提升内涵而不逞强，以闷声发财的方式不断增加内在的积累，这样的人才能做大做强，才能崛起并立于不败。

颐：吃了吗

| 经文 |

【颐】贞吉。观颐，自求口实。

【初九】舍尔灵龟，观我朵颐，凶。

【六二】颠颐，拂经于丘颐，征凶。

【六三】拂颐，贞凶，十年勿用，无攸利。

【六四】颠颐吉，虎视眈眈，其欲逐逐，无咎。

【六五】拂经，居贞吉，不可涉大川。

【上九】由颐，厉吉，利涉大川。

【象曰】山下有雷，颐；君子以慎言语，节饮食。

| 直译 |

【颐卦】守正吉祥。观看颐养，自求口中之食。

【初九】舍弃你的灵龟，看我吃饭，凶险。

【六二】（在下者）颠倒颐养之序，违背常理求高位之人来颐养，征进有凶险。

【六三】违背颐养之道，守正防凶，十年不得用，用无所利。

【六四】（在上者）颠倒颐养之序，虎视眈眈，随欲追逐，无灾祸。

【六五】违背常理，安居守正吉祥，不可涉越大河险阻。

【上九】他人颐养之由，有危险，但吉祥，利于涉越大河险阻。

【大象】山下有雷，颐卦；君子要谨慎言语，节制饮食。

| 诠释 |

这个卦象：上为艮，表示山；下为震，表示雷。山下面有雷声，圣人命名此卦为"颐"，就是嘴的意思。山和雷怎么跟嘴扯上关系了呢？

在圣人眼里，自然界的大宇宙与人的小宇宙是一一对应的，山对应脑袋，山下是嘴，嘴里不时发出各种响声：说话声、唱歌声、吃东西的声音等；睡觉时也不例外，鼾声如雷。要是把耳朵捂上，感觉更明显。

嘴最基本的功能是吃饭，吃饭才能活着，所以"颐"也被引申为养活、养生的意思。

对此，圣人讲解了以下几点。

一、指亲不富，看嘴不饱。只指望亲戚不会富有；看着别人吃得香，自己不吃肚子不会饱。

二、吃饭为了活着，还是活着为了吃饭？父母养育子女，还是子女赡养父母？这样的问题要想清楚。

三、不懂养生，必有后患。很多老年疾病都是年轻时落下的。

四、养生贵在顺其自然。

往大了讲，民以食为天，解决老百姓的吃饭问题，千百年来一直是对执政者的考验，每一次朝代更迭大多是因为老百姓吃不饱、无法活下去，索性造反。浩大的饥荒上演过无数次，"吃"成为中国人骨子里的一个情结，以至于无数词汇都打着"吃"的印记，比如"吃了吗""吃香""铁饭碗""吃不消"等。

往小了讲，一个企业或组织的决策者首要责任是让员工多赚钱，能过上好日子。

人有一张口，无非吃饭和说话，两者是联动的。婴儿饿了，想吃饭，就大哭。人说话，往往是因为有需求，吃饱了，没需求了，就会比较沉默。

　　口是人体的门户。门户是什么？通俗讲就是家里的防盗门，平时都是紧锁着的，撬都撬不开。圣人讲"**君子以慎言语，节饮食**"，也是这个意思。要管住嘴，少说话，避免祸从口出、病从口入。

大过：孤独者是沉在水底的龙

经文	直译

【大过】栋桡，利有攸往，亨。

【初六】藉用白茅，无咎。

【九二】枯杨生稊（tí），老夫得其女妻，无不利。

【九三】栋桡，凶。

【九四】栋隆，吉；有它吝。

【九五】枯杨生华，老妇得其士夫，无咎无誉。

【上六】过涉灭顶，凶，无咎。

【象曰】泽灭木，大过；君子以独立不惧，遁世无闷。

【大过卦】栋梁弯曲，利于有所前往，亨通。

【初六】用白茅垫在下面，无灾祸。

【九二】干枯的杨树生长出新枝，老夫得到少女为妻子，无所不利。

【九三】栋梁弯曲，凶险。

【九四】栋梁隆复，吉祥；有其他遗憾。

【九五】干枯的杨树开出新花，老妇得到少壮男子为丈夫，无灾祸也无称誉。

【上六】涉水过深淹没头顶，有凶险，但无所灾祸。

【大象】泽灭木，大过卦；君子要独立不惧，遁世无闷。

| 诠释 |

这个卦象：上为兑，表示湖泽；下为巽，一般表示风，这里表示树木。湖泽之中草木丛生，一棵树生长在低洼处，便会被淹没。于是圣人看到湖泽高过树，取此卦名为"大过"。

在人潮人海中，每个人都像这样一棵被淹没的树，有时会在熙熙攘攘的人群中感到孤独。

相对于整个人类，你只不过是一粒微尘。你在父母眼里可能是太阳，但他们未必了解你。事实上，越是亲近的人，有时对你的否定越多，这些否定并不比外人的嘲讽带来的压力小。

没有知己，没人知道你到底是怎样的人，有什么值得尊重的品德，人们只能用财富、权位、家庭等外部事物衡量你。

若你没有财富、没有权位，家庭也不显赫，那么哪一样也不足以赢得世俗青睐的目光。可能不能、不愿、不想——但有什么用呢？你不用解释，那样只能招来更大的怀疑与不屑。那要怎样面对呢？圣人总结了以下几点。

一、小心安命，埋头任事。

二、世间不乏大器晚成之人。

三、精神不倒，信念不倒。

四、坚持就是胜利。

五、不可务虚名而受实祸。

六、希望常在，永远不要绝望。

最后圣人认为要有"独立不惧，遁世无闷"的精神。即便所有人都否定你，你照样独自坚持，一点也不害怕；即便全世界都遗忘你，或者从来没有在意过你，你照样快乐地过自己想要的生活。这就是孟子所说的"虽千万人，吾往矣！"。

做到这一点非常难。人天性渴望被尊重，有时为了别人眼中的自己而活，从别人的眼中来确定自己的状态。**不在意别人的眼光，堪称"逆天"。**

圣人没有教普通人怎样"逆天"，他只打了两个比喻：一是老夫娶少妻；二是枯杨生华（枯树开花）。他的意思很明白，忍受孤独，坚持梦想，尽人事而听天命，总会有心想事成之日。即便树死了，也照样能开花，比如梵高、顾准、王夫之、八大山人、徐渭等很多了不起的人，都是树死了，才开的花。

圣人在解释乾卦的"潜龙勿用"时，有一段极精彩，正可作此卦的注脚："龙，德而隐者也。不易乎世，不成乎名，遁世无闷，不见是而无闷。乐则行之，忧则违之，确乎其不可拔，潜龙也！"这段话的意思就是**孤独者是沉在水底的龙**。

坎：劫数

经文	直译
【坎】习坎，有孚，维心亨，行有尚。	【坎卦】重重坎陷，秉持信念，心中亨通，行为被崇尚。
【初六】习坎，入于坎窞（dàn），凶。	【初六】重重坎陷，落入深坑，凶险。
【九二】坎有险，求小得。	【九二】坎陷中有危险，求取小有得。
【六三】来之坎坎，险且枕，入于坎窞，勿用。	【六三】来去充满坎陷，危险枕藉，落入深坑，不可施用。
【六四】樽酒，簋（guǐ）贰，用缶，纳约自牖（yǒu），终无咎。	【六四】一樽薄酒，两簋疏食，用瓦缶作祭器，从窗户纳进祭品，终于没有灾祸。
【九五】坎不盈，祗既平，无咎。	【九五】坎陷尚未填满，小丘已被铲平，已无灾祸。
【上六】系用徽纆（mò），置于丛棘，三岁不得，凶。	【上六】被绳索捆起来，扔在荆棘丛中，三年不得解脱，凶险。
【象曰】水洊至，习坎；君子以常德行，习教事。	【大象】水连续而至，习坎；君子要按常德行事，习练所学。

| 诠释 |

这个卦象：上下都是坎，坎是坑的意思，在卦象里通常又表示水。地上的坑洼一个接着一个，洪水一次又一次地袭来，由此可想到人生之路上不断面临的各种风险和危机，于是圣人命名此卦为"习坎"（习是重叠的意思）。

对于这些风险和危机，圣人提出以下几种观点。

一、人生难免掉两回坑，这是宿命，是劫数，躲不掉的。

二、**危中有机**。风险与机会并存，在应对风险的过程中，只要处理得当，往往有意外的收获，甚至可因祸而得福。

三、真掉到坑里时，不能慌乱，要冷静地想办法，并且保存好体力，等待机会获救。

四、俗语说"人在矮檐下，不得不低头"。

五、未雨绸缪，行下春风好下雨，提前做好准备，防患于未然。

六、在转机出现时，要敢于出手。因为错过这次机会，下次机会不知道什么时候才能来。

总体上，圣人认为，面对危机要**"常德行，习教事"**。

"常德行"，就是在困境中、危机前要坚持正道，坚持仁、义、礼、智、信等常德。人在困境中坚守做人的原则太难了。

如孔子所讲，"君子固穷，小人穷斯滥矣"。寻常百姓可以这样，君子不能。**对于君子来讲，越是困境越要坚守，哪怕舍生取义、杀身成仁，这正是实现自己生命价值的机会。**

"习教事"，就是在困境中、危机前要发挥所学。学了很多防身术，真遇上坏人时却一招也用不上，那就白学了。学了几年专业，真到工作时却都用不上，这也是问题。不论学什么，不在事上磨，理论和实践永远都是两层皮。

《中庸》讲"困而知之"，克服困难、化解危机正是检验所学、提升所学、学真知、长本事的契机。所以，不要怕，也不要抱怨，尽快地让自己冷静下来，把平生所学、平日所修慢慢施展出来，就一定能挺过去。疾风知劲草，烈火现真金。艰难成就人，道理正在于此。

道理好讲，真有事情摊到自己身上，就知道有多难受了。2014年让笔者体会到了什么是"习坎"，妈妈病重，笔者和妻子身体不好，公司效益也不好，孩子们都在关键时期，照顾他们的压力也大。咋办呢？兵来将挡，水来土掩，并坚信没有过不去的火焰山。但是妈妈走了，再也回不来了，是笔者最大的遗憾。

离：离离原上草

经文	直译

【离】利贞，亨。畜牝牛吉。

【离卦】利于守正，亨通。畜养母牛吉祥。

【初九】履错然，敬之，无咎。

【初九】履行事务错落有致，敬人敬业，没有灾祸。

【六二】黄离，元吉。

【六二】黄中附丽，大吉祥。

【九三】日昃之离，不鼓缶而歌，则大耋（dié）之嗟，凶。

【九三】太阳将落，附丽西天，若不鼓缶而歌，则会有大耋老年的嗟叹，有凶险。

【九四】突如其来如，焚如，死如，弃如。

【九四】突如其来的朝霞，如烈火焚烧般绚丽，很快又消亡、弃除。

【六五】出涕沱若，戚嗟若，吉。

【六五】涕泣滂沱，悲戚嗟叹，吉祥。

【上九】王用出征，有嘉折首，获匪其丑，无咎。

【上九】君王出兵征伐，有嘉赏，斩折敌首，擒获主犯，无灾祸。

【象曰】明两作，离；大人以继明照于四方。

【大象】光明一个接一个升起，离卦；大人以不断的光明照临四方。

| 诠释 |

这个卦象：上下都是离，卦名为"离"，理所当然。离表示火，也表示太阳。卦象中，上面一个太阳，下面又一个太阳。两个太阳不可能同时出现，只能表示一种连续性：今天太阳升起，明天太阳再次升起，后天太阳还会升起……"离离原上草，一岁一枯荣。野火烧不尽，春风吹又生。"这段古诗切中离卦的妙处。

圣人以人事来描述离卦呈现的过程：

起初，兢兢业业敬业奋斗。

然后，达到如日中天的高峰。

当这一周期渐渐落幕时，当为下一个周期做好准备。

新一周期来势迅猛，势猛难久，很快结束。

在转入新的周期时，会经历更新的阵痛，然后渐有收益。

终于，在第N个周期中实现大成。

圣人由此想到"大人以继明照于四方"，伟大的人物会连续不断地发出光和热，照亮人们的眼睛，还有梦想和心灵。

对于绝大多数人来讲，发出的光芒有限，但会随着生命的消亡，一切附丽也都烟消云散。对圣贤则不同，如《左传》所讲，"太上有立德，其次有立功，其次有立言，虽久不废，此之谓不朽"。

孔子死了，老子死了，苏格拉底死了，岳飞死了，文天祥死了，曾国藩死了，等等，但他们的光仍然照亮我们。

当然，这是一个终极理想。

普通人应该怎么做呢？有以下几点可以做到。

一是可以做"薪火相传"中的"薪"，即那把柴火，可把圣贤的光传下去。

二是发现自己的光，可能很小，可以小到一个微笑，但也足以照亮家人和身边的人，足以给他们正的能量。

三是从功利的角度，你要想创造辉煌，就不能做一颗一闪而过的流星。

咸：以情动人

| 经文 | 直译 |

【咸】亨，利贞，取女吉。

【初六】咸其拇。

【六二】咸其腓，凶，居吉。

【九三】咸其股，执其随，往客。

【九四】贞吉，悔亡，憧憧往来，朋从尔思。

【九五】咸其脢，无悔。

【上六】咸其辅颊舌。

【象曰】山上有泽，咸；君子以虚受人。

【咸卦】亨通，利于守正，娶妻吉祥。

【初六】感应在脚趾。

【六二】感应在小腿肚，凶险，安居吉祥。

【九三】感应在大腿，执意追随，前往有遗憾。

【九四】守正吉祥，悔恨消失，频频往来，朋友将顺从你的心思。

【九五】感应在后背，无悔恨。

【上六】感应在口头上。

【大象】山上有泽，咸卦；君子要虚己容人。

| 诠释 |

这个卦象：上为兑，表示湖泽；下为艮，表示山。卦辞里提到"取女吉"，说明此卦与婚姻、性别有关系。

由此，圣人想到男女之间的那种感应、感觉、感受，命名此卦为"咸"（与"感"通假，也有人解读为"无心之感"，感情未经心的刻意，则为自然），然后描述了他理解的男女之间的感情。

第一，感情开始于心底最深处的微微一动，或者手指的一次微微触碰。

第二，可以一见就钟情，但不要一见就冲动，可以先静下心来体会那份甜蜜的烦恼。

第三，情感胜过理智的结果，多数是悔恨和忧伤。

第四，在理智框架里的情感，随着岁月而展开、升华，才是完美的。

第五，深埋在心底的感情，就像深埋在地下的宝石。

第六，甜言蜜语不要信，女人的狠话别认真。

《中庸》讲"君子之道，造端乎夫妇，及其至也，察乎天地"。男女之间的那点事，其实包含着天地的大道理，一通百通。

现实中，若要进入别人的领域、占有别人的资源，通常都会遭到排斥。

比如思想。当别人的思想进入你的大脑时，很多时候，你并不排斥，而是愉悦的。

当然，更明显的是情感。当别人的某种情感包围你的心时，你也不排斥，而是感动的，会身不由己地跟着这种感动做出各种事来，因心动而行动。

这里，圣人讲的"君子以虚受人"，说白了就是以情动人，以这种思想和情感的方式去处理与别人的关系，而不是用武力、物质、权势去压服别人，或者做交易。

对家人、领导、同事、下属、客户都要善于用情感来维系。

那么，怎样以情动人呢？圣人在这个卦里讲了一个秘诀："憧憧往来，朋从尔思"。意思是，密切交往，天天说话聊天，他就会依从你的思想。对领导也一样，天天去找他，他不得烦吗？开始肯定有点儿烦，但烦归烦，他会感觉和你亲近。人性就是这样。类似的很多说法，如攻心为上、心悦诚服，等等，都值得深省，且有操作意义。

不过，完全地感情用事会出问题，单凭言语去感动别人或别人在言语上表达的感动都是靠不住的。

恒：不改变、不动摇、不停下

| 经文 | 直译 |

| 经文 |

【恒】亨，无咎，利贞，利有攸往。

【初六】浚恒，贞凶，无攸利。

【九二】悔亡。

【九三】不恒其德，或承之羞，贞吝。

【九四】田无禽。

【六五】恒其德，贞，妇人吉，夫子凶。

【上六】振恒，凶。

【象曰】雷风，恒；君子以立不易方。

| 直译 |

【恒卦】亨通，无灾祸，利于守正，利于有所前往。

【初六】深求恒久，守正防凶，无所利。

【九二】悔恨消亡。

【九三】不能恒守德行，或将承受羞辱，要守正以防遗憾。

【九四】田猎没有得到禽兽。

【六五】恒守柔顺之德，贞固，妇人吉祥，男子有凶险。

【上六】振动不安于守恒，有凶险。

【大象】雷风，恒卦；君子立身不轻易改其方向。

| 诠释 |

这个卦象：上为震，表示雷；下为巽，表示风。每当打雷时风定然在刮着，就像每天早上六点你定然会起床去跑步，每天晚饭后你定然会看一小时的书，每晚睡前你定然都会洗脚，每个周末你定然会去看望父母，每到月底你定然要往银行账户存入1000元钱等。这是什么？这就是有恒。

每个人都要面对这个世界上很多的人和事，但在某个特定的时间段里，你都在做着同样的事，这就是有恒。对此，圣人讲了以下几点。

一、凡事开端不贵有恒，贵在定位定方向。

二、当你为未来的模糊性、不确定性而不安时，与其浮躁，不如坚守。

三、朝秦暮楚没定性只会一事无成。

四、有恒用俗语说就是一条道跑到黑，不到黄河不死心，不见棺材不落泪。这当然有风险，有着巨大的机会成本。可是，一点儿风险也没有的成功，在世上存在过吗？

五、一柔到底易，一刚到底难。

六、有恒也应顺乎性情，不能过分勉强。

圣人讲，"君子以立不易方"，人类安身立命、做人做事，都要坚持有恒。而有恒的根本在于不改变方向，不动摇思想，不停下脚步。不改变方向有三点：一是有方向；二是方向正确；三是不改变。方向正确最重要，孔子讲"攻乎异端，斯害也已"。越是聪明人，越容易在方向上出问题。怎么确保方向正确呢？一般来讲，符合常识、法律、道德的应当没有问题。否则，越有恒，就越容易出问题。

不动摇思想有两点：一是有思想，对人生观、世界观、价值观、道德、方法论等都有自己的认知，当然，圣人肯定希望你是以儒家思想为基础的；二是什么都想要就什么都要不了，那些注定舍弃的东西，不要再去多看一眼。

不停下脚步。**日日行不怕千万里**，不怕慢就怕停，每天朝目标靠近一点点，何愁到不了？

《道德经》所谓"治大国若烹小鲜"，煎小鱼时不能频繁地翻面，那样就把小鱼翻烂了。不折腾，才能发展。汉代的文景之治也得益于此，并且留下了一个著名的政治典故——萧规曹随。曹参继任萧何做宰相，所有萧何任上制定的政策，一概延续，不改变、不动摇、不停下，于是天下大治，自己也落得轻松。

龟兔赛跑的故事，反映了一个现实：智商最高的人并不是最成功的，多数成功者是智商一般，而且起点也不高的人。这些人选择坚持，有时是出于无奈，没别的路子可走，只能硬着头皮熬着，最后挺过去也就成功了。而聪明、起点高的人太灵活了，遇到困难就能轻松转到别的路上，然后在那条路上再遇到坎儿时，再转，再放弃，最后什么也没有做成。

曾国藩讲成功三品质：有志、有识、有恒。有志就是有目标和方向；有识就是有办法和能力；有恒则是对前两项的整合，确保用这个能力，沿着这个方向，实现这个目标。

遁：退一步海阔天空

经文	直译

经文

【遁】亨，小利贞。

【初六】遁尾，厉，勿用有攸往。

【六二】执之用黄牛之革，莫之胜说。

【九三】系遁，有疾厉，畜臣妾吉。

【九四】好遁，君子吉，小人否。

【九五】嘉遁，贞吉。

【上九】肥遁，无不利。

【象曰】天下有山，遁；君子以远小人，不恶而严。

直译

【遁卦】亨通，弱小者利于守正。

【初六】退避落后在末尾，危险，不要有所前往。

【六二】用黄牛皮制的绳子捆住，没人能解脱。

【九三】有所系恋，不能退避，将有疾病、危险，蓄养奴仆婢妾吉祥。

【九四】有所喜好，却能退避，君子吉祥，小人不能办到。

【九五】正当嘉美，却能退避，守正吉祥。

【上九】远走高飞地退避，无所不利。

【大象】天下有山，遁卦；君子要远离小人，不交恶而能划清界限。

| 诠释 |

这个卦象：上为乾，表示天；下为艮，表示山。远望天边，山峦起伏，一幅闲散的景象，恰秋风渐起，那个倚风而立的人，难免生出"不如归去"的倦意，同时又有了几分对远方的向往和对自由的想象，"走吧，走吧，逃离这纷扰复杂的是非之地，去过自己清静悠闲的生活吧"。

史上类似的故事都是这样唯美，其中最有名的两个故事都发生在老庄思想盛行的魏晋时代。

一个是张季鹰。张季鹰辟齐王东曹掾，在洛，见秋风起，因思吴中菰菜羹、鲈鱼脍，曰："人生贵得适意尔，何能羁宦数千里以要名爵？"遂命驾便归。

另一个是陶渊明。归去来兮！田园将芜胡不归？既自以心为形役，奚惆怅而独悲？悟已往之不谏，知来者之可追。实迷途其未远，觉今是而昨非。

遁，本义就是逃，逃跑、逃避、退让的意思，与道家思想非常契合。

老子讲，功成名遂身退，天之道。历史是不断进步的，长江后浪推前浪。功成名就后，急流勇退，还会有后来人，这就是规律，就是天之道。

所以曾国藩打下南京城后，立即裁撤湘军，让得了首功的弟弟辞职回家，并且把接下来出头露脸的机会都让给了李鸿章；范蠡帮勾践灭了吴国后，立即就归隐江湖了；文仲贪恋胜利果实，最后死得很惨；张良帮刘邦打下天下后，立即就回家了，什么也不要。在如日中天之时，急流勇退，圣人称此为"嘉遁"。

在危难之时的遁，叫什么呢？叫"三十六计，走为上计"。

在处境尴尬、不愠不火，食之无肉、弃之有味之时的遁，叫什么呢？叫"以退为进"，所谓"终南捷径"就是这个意思。

关于遁，圣人还讲了以下几点。

一、应该归隐退避时，宜早不宜迟。

二、避之不及，必受其祸。

三、太多感情用事，身心必为所累。不过，为了家人和真朋友是值得的。

四、天下没有不散的筵席，玩得再开心，也要做好退席的准备。

五、盛时而退就像蔬菜在新鲜时卖出可以卖个好价钱。急流勇退，皆大欢喜。

六、要逃就逃得远远的，要退就退得干干净净的。

圣人认为，遁最根本的好处，还在于"远小人，不恶而严"，远离小人，即便你讨厌他，也不会让他当面感受到，从而避免受小人的忌恨伤害。

总之，退一步海阔天空，还可能有意外的收获。

大壮：盛时常作衰时想

经文	直译

【大壮】利贞。

【初九】壮于趾，征凶，有孚。

【九二】贞吉。

【九三】小人用壮，君子用罔，贞厉。羝（dī）羊触藩，羸其角。

【九四】贞吉悔亡，藩决不羸，壮于大舆之輹。

【六五】丧羊于易，无悔。

【上六】羝羊触藩，不能退，不能遂，无攸利。艰则吉。

【象曰】雷在天上，大壮；君子以非礼弗履。

【大壮卦】利于守正。

【初九】脚趾强盛，征进有凶险，应当保持诚信。

【九二】守正吉祥。

【九三】小人妄用强盛，君子不用，守正防危。大羊顶撞藩篱，羊角被缠挂住。

【九四】守正吉祥，悔恨消亡，藩篱被冲破，羊角挣脱出来，大车的轮輹强盛适用。

【六五】在田地边界丢失了羊，无所悔恨。

【上六】大羊顶撞藩篱，不能退却，也不能前进，无所利。艰难自守则吉祥。

【大象】雷在天上，大壮卦；对不合乎礼仪的事君子不做。

| 诠释 |

这个卦象：上为震，表示雷；下为乾，表示天。青天之上，一个惊雷，响彻寰宇。此卦有大为强盛、大气雄壮的感觉，所以圣人命名为"大壮"。

从第一卦到"大壮"，一共三十多个卦象里，竟然就有了"大有""大畜""大壮"三个表示富贵强大的卦象，说明什么呢？说明《易经》在当时服务的对象主要是最高端的贵族阶层，他们中的多数就处在这样的状态。

圣人指出，在大壮之时，要注意以下几点。

一、切不可急躁冒进，当静心澄虑，心有所依。

二、走正道。

三、明智之人不会依仗强盛的实力而肆意妄为，因为那样，即便别人对你无可奈何，自己也会伤害到自己。曾国藩讲过"**盛时常作衰时想，上场当念下场时**"。

四、一不做，二不休。既然选择了远方，便只顾风雨兼程。

五、对于一些无伤大体的损失不必太在意。

六、一个人不论身处怎样的层次，永远都可能面临身不由己的境地，此时当切记"艰则吉"。

娃哈哈创始人宗庆后嘱咐即将接班的女儿，第一条就是保持艰苦奋斗的作风。曾国藩则讲"凡世家子弟，衣食起居，无一不与寒士相同，庶几可以成大器；若沾染富贵习气，则难望有成"。

越是强盛，越不能放松，不能随心所欲，而应兢兢业业，吃苦耐劳，抱"残"守"缺"。

最后，圣人的总结是"非礼弗履"。怎么理解呢？这里先温习一个小故事：刘邦得天下后，贴身谋士陆贾就天天跟他说《诗经》《尚书》对治国的好处，刘邦本是最讨厌儒家的，当年要有儒生投奔他，讲述仁义道德，他会很厌烦。有一次发作时陆贾则对他说：天下是骑马打下来的不错，不过，您还要用骑马打天下那一套来治理天下吗？商汤开创商朝、周武王开创周朝，都能够传承数百年，靠的是逆取而顺守之。打天下时，只要能生存、能发展，但天下打下来之后就不一样了：首先，角色变了，以前是打天下的，现在是执政的；其次，面对的主要问题变了，以前是军事问题，现在是经济问题。

所以，必须转变思维方式、做事方式，由创业的状态进入守业的状态。守业就要非礼弗履，就要一切按规则办事，按部就班。这样是最稳健、风险最低的。

另外，从个人修养来讲，自胜之谓强。具有高度自控力的人，摆脱欲望和情绪的影响，克己复礼，做事高度理性，这样的人同样堪称"大壮"。

晋：出头不易

| 经文 | 直译 |

【晋】康侯用锡马蕃庶，昼日三接。

【初六】晋如，摧如，贞吉。罔孚，裕无咎。

【六二】晋如，愁如，贞吉。受兹介福，于其王母。

【六三】众允，悔亡。

【九四】晋如鼫鼠，贞厉。

【六五】悔亡，失得勿恤，往吉无不利。

【上九】晋其角，维用伐邑，厉吉无咎，贞吝。

【象曰】明出地上，晋；君子以自昭明德。

【晋卦】康侯受用天子赏赐的众多车马，一天之内被三次接见。

【初六】努力晋升，备受摧抑，守正吉祥。未受信任，从容宽裕没有灾祸。

【六二】努力晋升，备感愁郁，守正吉祥。从祖母那里接受这样的大福。

【六三】得到众人认可，悔恨消亡。

【九四】如鼫鼠般努力晋升，守正以防危险。

【六五】悔恨消亡，得失不必计较，前往吉祥，无所不利。

【上九】晋升到头角尖上，用以征伐邑国，虽有危险，但可吉祥，没有灾祸，守正以防遗憾。

【大象】明出地上，晋卦；君子要自己昭明美德。

| 诠释 |

这个卦象：上为离，表示火，也表示太阳或光明；下为坤，表示地。一轮火红的旭日从地平线升起，如人生向上进取追求，所以圣人命名此卦为"晋"，就是晋升、进取的意思。

人往高处走，不论从政还是在职场，谁都想晋升。对于这样的人生历程，圣人总结了以下几条。

一、**竞争是残酷的，胜出必有代价**。过程助人成熟。开始应当有耐心，毕竟你还不被大家所了解。

二、晋升了也不要得意忘形，要加倍小心。

三、没有金刚钻，别揽瓷器活。勉强达到某个阶层或位置，却没相应的实力未必是好事。例如，你的能力原本适合做工程师，却非做管理，结果可能会很糟。很多人就像《红与黑》里的于连，拼命往上挤，到头来不过是一场悲剧。

四、**向上奋斗会得到很多东西，也必然会失去很多东西。**

五、处在高位，要用更丰富的资源实现生命的价值。否则就是尸位素餐。

当你在某个领域忽然做得非常好时，有些人可能会感觉地位受到了挑战和威胁，会拉踩你；而你身边的人呢，就像是一个筐里的螃蟹，当你是那只向上爬的螃蟹时，别的螃蟹会往下拽你。除非你大大超出原来的人，或者把其他的螃蟹远远甩开。所以，这个向上奋斗的过程，首先要靠自己"自昭明德"，把自己的优势、才能、美德都展示出来，让领导、同事、下属看到，让那些可能给你帮助的人看到。

你可以毛遂自荐，但不能招摇、显摆，否则会适得其反。**最好是在事上见，以行动和事实让人们看到。**不要抱怨怀才不遇。

明夷：面对黑暗

| 经文 | 直译 |

【明夷】利艰贞。

【初九】明夷于飞，垂其翼。君子于行，三日不食。有攸往，主人有言。

【六二】明夷于左股，用拯马壮，吉。

【九三】明夷于南狩，得其大首，不可疾，贞。

【六四】入于左腹，获明夷之心，于出门庭。

【六五】箕子之明夷，利贞。

【上六】不明晦，初登于天，后入于地。

【象曰】明入地中，明夷；君子以莅众，用晦而明。

【明夷卦】利于艰苦守正。

【初九】光明夷灭时向外飞，低垂着翅膀。君子在行进的路上，三天没有吃饭。有所前往，主人有责言。

【六二】光明夷灭，左大腿受伤，用马来拯救，渐复强壮，吉祥。

【九三】光明夷灭时到南方巡狩，获得其大首领，不可操之过急，应守持正固。

【六四】进入左腹，得到光明夷灭的核心内情，走出门庭。

【六五】箕子在光明夷灭时的做法，利于守持正固。

【上六】不光明，晦暗，起初登临天上，最后坠入地下。

【大象】明入地中，明夷卦；君子临众治民要晦藏明智，而愈显明德。

| 诠释 |

这个卦象：上为坤，表示地；下为离，表示火及光明。光明藏入地下，所以圣人称此为"明夷"，"夷"就是夷为平地、夷三族的"夷"，有铲平、消灭的意思。光明被铲平了，就是黑暗，官场黑暗、政治黑暗、社会黑暗，或者前途黑暗。

孔子在《论语》中多次提到这个问题，如"邦无道，则可卷而怀之""邦无道，危行言孙""邦无道，富且贵焉，耻也"。我们不必深究这些话的意思，起码可以看出，这种"邦无道"的黑暗问题是当时的人们经常要面对的。那怎么办呢？圣人有自己的经验。

第一，保命要紧，逃跑就不要顾体面了。龙游浅水遭虾戏，虎落平阳被犬欺。

第二，车到山前必有路，船到桥头自然直。山重水复疑无路，柳暗花明又一村。

第三，危中有机，大危难有大机遇。

第四，不入虎穴，焉得虎子？该出手时要出手，该搏一把就得搏。

第五，应对非常之难，当有非常之举。

第六，一切都会过去。

总结起来，无非是以下三种方案。

一是逃避。

就像商纣王在位时，政治上暗无天日，大臣箕子怎么谏言也没用，眼瞅着忠臣们要么被挖心，要么被炮烙，周武王那边也要打过来了，箕子只好逃跑，据说逃到了朝鲜，把商朝的文化和血脉也带了过去。

逃跑的路上，英雄落魄如丧家之犬，没人待见是正常的，得忍着。也不是非得逃到别的地方，也可以原地待着装疯卖傻，史上以此来成功化解生命危险的，大有人在。

二是拯救。

要借助外力，千万别操之过急。

三是熬着。太阳虽然落下去了，但早晚还会升起。

历史上有无数黑暗时期，如昏君、奸臣、战乱、疾疫，身处其间者如处炼狱一般，但如老子所讲"飘风不终朝，骤雨不终日"，这种非常时期，不会太长久的，要挺住。

不过，圣人的思想不止于此，他总能从消极中看到积极，他讲"**君子以莅众，用晦而明**"。这里面有两层含义。

第一，就像在黑夜里点亮一根火柴，会非常耀眼，决策者应当把握住这样的时机点亮火柴。

第二，决策者应当把自己的明智隐藏起来。

这样有很多好处。

首先，你太明智了，什么都管得过细，下属的聪明才智和主观能动性就发挥不了。诸葛亮就犯了这个毛病，不但自己累死了，而且手下人都没有成长起来。

其次，你表现自己的明智时，必然也会暴露自己的弱点，这会让下属把你看穿，从而想出对付你的办法，最后导致你受制于人。

最后，**水至清则无鱼，人至察则无徒**。所谓难得糊涂、不聋不瞎不能当家，都是有很深的道理的。道家和法家对这种思想都有发挥。

家人：过日子的学问

| 经文 | 直译 |

【家人】利女贞。

【初九】闲有家，悔亡。

【六二】无攸遂，在中馈，贞吉。

【九三】家人嗃嗃，悔厉吉；妇子嘻嘻，终吝。

【六四】富家，大吉。

【九五】王假有家，勿恤，吉。

【上九】有孚威如，终吉。

【象曰】风自火出，家人；君子以言有物，而行有恒。

【家人卦】利于女子正固。

【初九】预防不良，保有其家，悔恨消亡。

【六二】不随心所欲，管好家中饮食，守正吉祥。

【九三】家人愁怨吵闹，有悔恨，有危险，但吉祥；妇女孩子嘻嘻笑闹，终将遗憾。

【六四】致富家庭，大吉。

【九五】君王美德感人保有其家，不用忧虑，吉祥。

【上九】诚信而有威严，结果吉祥。

【大象】风自火出，家人卦；君子要言之有物，行之有恒。

| 诠释 |

这个卦象：上为巽，表示风；下为离，表示火。傍晚时分，村庄里的人家都开始生火做饭，屋顶之上，炊烟顺风袅袅而上，邓丽君那首深情婉约的《又见炊烟》响起，面对此情此景，谁能不想家？

所以，圣人命名此卦为"家人"，并认为，"利女贞"，女人决定家的品质，然后，讲解了以下齐家的道理。

一、教子婴孩，教妇初来，治家先立家规。

二、会做饭的老婆可以旺夫、旺家。常言道，要想留住男人的心，首先要留住男人的胃。什么是家？家不是房子，房子到处都是，家是柴、米、油、盐、酱、醋、茶，是一家人围个桌子吃饭，家是两个人搭伙过日子。所以，女人会做饭就非常重要。

三、两口子不是冤家不聚头，不打不到头。这是几千年来人们通过无数家庭案例总结出来的，没缘由，事实就是这样，恩爱夫妻，一辈子没红过脸的，却常常不能白头到老，要么撇下老婆独自活很多年，要么撇下老头子孤单晚年。

我们村有一对老夫妻，九十了，还吵架，劝架的人就喊：你还打啊，打死老婆谁管你？老头这才停下，然后老婆三天不给做饭。两口子打一辈子架的，说明都是比较倔强的人。

比如刘邦的老婆就非常厉害，还有很多大人物的老婆都很厉害。笔者所熟识的很多企业老板，都是夫妻档，老婆顶半边天，被大家尊称为"董事长"。当然，要打得明着打，打完就算，床头吵架床尾和；不能打得窝心，不论气窝在谁心里，都不容易一起白头。

四、贫贱夫妻百事哀。好多人吵架都是因为日子紧，慢慢富起来，烦恼就少了。有个说法：老婆的温柔跟男人的才能成正比。努力吧！

五、家是讲感情的地方，不是讲理的地方。要多一分信任，给彼此留些隐私和空间，没事别翻对方的聊天记录。

六、从严治家。棍棒底下出孝子。对孩子，管理得越严格，他将来越知道孝顺；越是溺爱宠惯着长大的，将来越不孝敬父母。回想学生时代，那些管理严格的老师，给学生留下的印象最深，挨过他的批评的，也极少记恨，反而多有感恩。

而且，要早立规矩，**曾国藩讲"教子婴孩，教妇初来"**，教育孩子要从很小时起，教导媳妇要从刚嫁进来时起，得砸下个底。

不过，对于家，圣人最终强调的是这句话："君子以言有物，而行有恒。"这实在是点睛之笔。对家人来讲，"言有物"体现的是相敬如宾，夫妻之间自然少不得情话温存，但大体上还是要言之有物，要讲实在话，过实在的日子。

"行有恒"，还有什么比家庭更需要长期经营的呢？家是一辈子的事业，怎能无恒？纵使婚姻有"七年之痒"、生活千辛万苦，也要把这个家撑住。作为家庭中的男人，做到"言有物，行有恒"并不容易，需要一点点努力与完善，这就是修身。

身子修好了，身教胜言教，齐家就容易了，进而处理社会上的各种关系和事务也会游刃有余。从这句话出发，儒家的"修身、齐家、治国、平天下"一下子就串联起来了。

暌：同而异

| 经文 | 直译 |

【暌】小事吉。

【初九】悔亡，丧马勿逐，自复；见恶人无咎。

【九二】遇主于巷，无咎。

【六三】见舆曳，其牛掣，其人天且劓，无初有终。

【九四】暌孤，遇元夫，交孚，厉无咎。

【六五】悔亡，厥宗噬肤，往何咎？

【上九】暌孤，见豕负涂，载鬼一车，先张之弧，后说之弧。匪寇婚媾，往遇雨则吉。

【象曰】上火下泽，暌；君子以同而异。

【暌卦】小事吉祥。

【初九】悔恨消亡，走失的马不要追，等它自己回来；遇见恶人，没有灾祸。

【九二】在小巷里遇上主人，无灾祸。

【六三】见到大车拖曳难行，驾车的牛被拽着，驾车的人受过黥刑和劓刑，起初不好，结果不错。

【九四】暌违孤立，遇到大丈夫，诚信相交，有危险却无害。

【六五】悔恨消亡，宗人咬肉，前往有何灾祸？

【上九】暌违至极，孤独猜疑，见到猪背上都是泥，拉着一车鬼，先是张弓欲射，又放下了弓。不是强盗，而是来求婚的，前往遇雨则吉祥。

【大象】上火下泽，暌卦；君子要求同存异。

| 诠释 |

　　这个卦象：上为离，表示火；下为兑，表示湖泽。火往上烧，而湖水在下面，看似在一起，实际却两不相干，有点貌合神离的感觉。于是圣人命名此卦为"睽"，《说文解字》中解释这个字为"目不相视也"，两个人谁也不看谁，谁也不理谁。

　　说两情相悦有个俏皮话：王八看绿豆——对眼了。"睽"正好相反，是不对眼，不是一路人。

　　这个世界上有喜欢你的人，就有不喜欢你的人。反过来也一样，有的人你一见钟情，相视而笑，莫逆于心，与其交往如行云流水，自然而然就亲近温暖；但也有一些人，你看着就别扭，唯恐避之不及。那么，怎样面对那些跟你不对眼的人呢？

　　对此，圣人有以下见地。

　　一、你之所以讨厌某人或某种人，往往是因为某件事使你对他有了成见。你应当努力忘记那些不高兴的事，消除这种成见，然后以平常心再看时，也许会发现你讨厌的人并不坏，而且还是挺不错的人。

　　二、对那些你曾经讨厌的人，大面上都要过得去，通过一些非刻意的交流，可以改善关系。私下的交流很重要，谈话内容不要外传。

　　三、你讨厌这个、讨厌那个，最后只能是你烦天下人，天下人烦你，你成了孤家寡人。堵别人的路，就是堵自己的路。

　　四、人心都是肉长的，以心换心可能会被伤害，但更可能赢得对方的信任和好感，要努力开放自己的胸怀。

　　五、可以偶尔相约聚餐。

　　六、人与人之间关系的紧张、对立，一大元凶是猜疑。猜疑是一种病，让人疑神疑鬼，失去客观的判断。当你开始讨厌某人时，要看看自己是否正好得了这种病。

最后，圣人提出一个大命题：同而异。

对此比较浅近的理解是：求同存异。《易经·文言传》里讲，同声相应，同气相求。人都喜欢与自己相同或相近的人。被同样的病困扰，就会同病相怜；都喜欢黄山谷的书法，就会相谈甚欢；对一个问题持相同的看法，就会感觉是在互相支持；等等。所以在与人交往中，**要善于强调彼此相同的方面，搁置或忽视不同方面的分歧**。

更深一层的理解则是：和而不同。一方面，不同的人之间存在吸引力，同性相斥，异性相吸。人对不同于己的人，既有陌生感造成的恐惧和排斥，又有好奇，甚至向往。另一方面，"孤阴不生，孤阳不长，阴阳合万事生"。就像单有女人生不了孩子，完全同质化的人在一起会丧失创造力等。一个多样化的、互补的，甚至充满矛盾的生态圈，才是最有利于生存和发展的。

蹇：行路难

| 经文 |

【蹇】利西南，不利东北；利见大人，贞吉。

【初六】往蹇，来誉。

【六二】王臣蹇蹇，匪躬之故。

【九三】往蹇来反。

【六四】往蹇来连。

【九五】大蹇朋来。

【上六】往蹇来硕，吉；利见大人。

【象曰】山上有水，蹇；君子以反身修德。

| 直译 |

【蹇卦】利于西南方，不利于东北方；利于见大人，守正吉祥。

【初六】往前走艰难，退回来可得美誉。

【六二】君王臣子艰难任事，不是为了自身私利。

【九三】往前走艰难，退回来了。

【六四】往前走艰难，退回来也艰难。

【九五】行走非常艰难，朋友来相助。

【上六】往前走艰难，退回来可有丰硕成果，吉祥；利于见大人。

【大象】山上有水，蹇卦；君子要转身回来修养德行。

| 诠释 |

这个卦象：上为坎，表示水，这里指河流；下为艮，表示山。对于一个行路之人来讲，跋山不容易，涉水也不容易，如果在山上还有河挡着，不可能背一条船上去，所以这条路没法走、走不通。于是，圣人把这个卦定名为"蹇"（jiǎn），就是走不通的意思。

人生在世，总有很多路走不通，总有很多事办不成，总有很多人换不来他的真心。怎么办？圣人认为，对不同的人、不同的情况，应当有不同的做法。

一、进一步山穷水尽，退一步海阔天空。既然前面是条死胡同，索性退回来，再换一条路。

二、伟大之人不避艰难，不计成败，知其不可而为之，明知山有虎偏向虎山行，虽九死其犹未悔。

三、前路艰难，非人生常态，人总要回归到平淡生活。曾国藩平定太平天国后，赠给弟弟曾国荃一副对联：千秋邈矣独留我，百战归来再读书。弃笔从戎是非常之举，书生本色在读书。

四、路是人走出来的，心若死了，所有的路也就都没了。

五、在艰难面前顽强不屈，定然会得到朋友相助。

六、经历艰苦磨炼的人，不论在前方的战场，还是在后方的商场、职场，都能建功立业。

不过，圣人认为，对于多数人来讲，面对前路的艰难，应当"反身修德"。这句话可作以下理解。

一、回炉再炼，再来挑战。

为什么不能成功？原因有很多，但根子上肯定是自己有问题。这是儒家的态度，不怨天，不尤人，行有不得，反求诸己。面对问题，首先要自我反省。反省分以下两方面。

一方面是技能，是不是炼成了能揽瓷器活的金刚钻，是不是具备了真实力、真本事。

另一方面是做人，是不是凡事都问心无愧，是不是凡事都付出在前，是不是还可以再忍耐和等待。

反省不难，难的是落实，要把反省出的问题立即解决，立即用行动来改变。本来走不通的路，你非要打通，怎么可能不付出代价？回炉再炼，既费时，又痛苦，但只要坚持下来，定会浴火重生。

二、反其道而行之，别开生面。

路走不通，索性不走，条条大路通罗马，可以换条路走。事情办不成，说明你不擅长、不适合，索性干别的。人心换不来，索性换人。天涯何处无芳草，何必单恋一枝花？

上帝给你关上了一扇门，定然同时给你打开了另一扇门，何止一扇，是整个世界都向你敞开了。失去一棵树，便得到了整个森林。有心栽花花不活，无心插柳柳成荫。

走不通时，要作全面的反思，换个脑筋，换个思路，换种心情。世界这么大，海阔凭鱼跃，天高任鸟飞。若如此想，你会豁然开朗的。

所以，走不通也没有什么大不了，上面两点明白了，就会如总的卦象预示的，"贞吉"是属于你的。别着急，慢慢来。

解：冤家宜解不宜结

| 经文 | 直译 |

【解】利西南，无所往，其来复吉；有攸往，夙吉。

【初六】无咎。

【九二】田获三狐，得黄矢，贞吉。

【六三】负且乘，致寇至，贞吝。

【九四】解而拇，朋至斯孚。

【六五】君子维有解，吉；有孚于小人。

【上六】公用射隼于高墉之上，获之，无不利。

【象曰】雷雨作，解；君子以赦过宥罪。

【解卦】利于西南方，无所前往，返回来吉祥；有所前往，及早可吉。

【初六】无灾祸。

【九二】田猎获得三只狐狸，得到黄色的箭矢，守正吉祥。

【六三】背负物品而且乘车，招致强盗，守正防遗憾。

【九四】舒解开脚趾，朋友来以诚心相应。

【六五】君子舒解，吉祥；能取信于小人。

【上六】王公射高墙上的鹰隼，射中获得，无所不利。

【大象】雷雨作，解卦；君子要赦宥罪过。

| 诠释 |

这个卦象：上为震，表示雷；下为坎，表示水，也就是雨。在漫长的旱季，一场雷雨，就像天地间僵局被打破。于是，圣人将此卦象命名为"解"——舒解、解开、化解、解决、解放、和解。引申到人和事上，就是要"赦过宥罪"，赦免过错，宽容罪行，以此解开对立或仇视。对此，圣人讲了以下几点。

一、和解宜早不宜迟。

二、和解一般是多方受益的，此前的矛盾经历也将成为和解后的共同财富。比如夫妻闹离婚，作为外人要劝合不劝分，和解意味着夫妻是原配的、孩子是自己的。宁拆十座庙，不毁一桩婚。

三、抓住矛盾、问题或小辫子不放手，耿耿于怀，常会有意外之祸。特别是亲戚朋友之间，因为一点钱财的纠葛而结怨，最不值得，不但浪费人际资源，而且还会因为生气而影响健康，损失远大于那些钱财。

四、冤家宜解不宜结，得饶人处且饶人。你没给他什么好处，不过是放他一马，就能让他知你的情，多划算的事。战国时，孟尝君有个小妾与门客相好，孟尝君放了他们，还赠送了一些盘缠。几年后，那个门客出死力解救孟尝君，以还他这个情。

五、做事要有弹性，要能够适当妥协，要怀柔小人，使其不给自己生事。

六、和解是高明的艺术，能化解尴尬或危机的都有大智慧，有此能力，无往不胜。

圣人还讲，有些事不要自己想复杂了，世间本无事，庸人自扰之，不用琢磨太多。

这是一个充满矛盾、对立、冲突的世界。达尔文的发现很有意思：他一方面看到大自然中物竞天择、弱肉强食的残酷本质；另一方面发现正是这种残酷竞争推动着物种的进化。草原上狼是羊的天敌，但要是把狼全部消灭了，对羊却并不是好事。

所以，对于在人生中经历的这些残酷，如小人的算计、敌人的攻击、恶人的欺负、强人的白眼、朋友的背叛，在经历的那一刻当然是痛苦的，但站在更超然的层面审视这种经历，就能发现这种经历是自然的，有时是必需的，活着就是这样，而这一切都是给你的历练，历练越多就越强大。在这个过程中，应当看淡那些站在对立面的具体的人，他们相当于群众演员，扮演了这样对待你的角色。有的研究把这些人称为你人生中的"逆行菩萨"。

这样想，你就不用再背着那个痛苦记忆的包袱了，就可以轻松地向那人伸过手去，握手言和。这不单单是一次和解，更是一次心灵的解放。

鲁迅有一句名诗：度尽劫波兄弟在，相逢一笑泯恩仇。德国给欧洲带来了惨绝人寰的灾难，怎么还能重新被接纳呢？是好了伤疤忘了疼吗？

不过，历史上这样的情况太多了：战国时今天合纵，明天连横；汉末三国时，今天孙刘联盟大败曹操，明天魏攻蜀，吴跟着落井下石，分一杯羹。没有永远的朋友，只有永恒的利益。和解通常是对谁都有利的，和平与发展才是主流。但今天的和解，意味着明天的决裂，要做的只是让这个"明天"更晚一些到来。

当然，在日常生活中，没这么沉重。人非圣贤，孰能无过？同事之间的小摩擦，朋友之间的小误会，夫妻之间的小打小闹，不妨多想想对方的好，然后主动打破僵局。这点气度都没有，就不配看《易经》了。

再者说，低头不见抬头见的，为一点小矛盾，本来谈笑风生的，看见对方来了，赶紧得把脸板起来，那多累呀。

　　解卦里还提到一个问题：影响宽容和解的往往是小人的挑拨离间。这是需要注意的，尤其是不要让自己成了这样的小人。

损：人生要会做减法

| 经文 |

| 直译 |

【损】有孚，元吉，无咎，可贞，利有攸往。曷之用？二簋可用享。

【初九】已事遄往，无咎，酌损之。

【九二】利贞，征凶，弗损益之。

【六三】三人行，则损一人；一人行，则得其友。

【六四】损其疾，使遄有喜，无咎。

【六五】或益之十朋之龟，弗克违，元吉。

【上九】弗损益之，无咎，贞吉，利有攸往，得臣无家。

【象曰】山下有泽，损；君子以惩忿窒欲。

【损卦】有诚信，大吉祥，没有灾祸，可以守正，利于有所前往。可以做什么用？两簋蔬食足以祭祀。

【初九】事情完成后迅速前往下一处，没有灾祸，要酌情减损。

【九二】利于守正，出征有凶险，无减损却有增益。

【六三】三人同行就会减损一人，一人独行则会得到朋友。

【六四】减损其疾病，可使迅速有喜乐，无灾祸。

【六五】有人送来价值"十朋"的宝龟，无法推辞，大吉祥。

【上九】无减损却有增益，无灾祸，守正吉祥，利于有所前往，得到臣民而无私其家。

【大象】山下有泽，损卦；君子要遏制愤怒，阻止欲望。

| 诠释 |

这个卦象：上为艮，表示山；下为兑，表示湖泽。湖水拍打着山脚，日复一日、年复一年地侵蚀着山体，使山体减损。所以，圣人把这个卦象定名为"损"，有减损、损失、裁减、减少之意。

人性好增不好减，好益不好损，对于"损"的第一个印象会觉得是负面的；而在圣人眼里，"损：有孚，元吉，无咎，可贞，利有攸往"，都是好词。这也是道家的主要思想，**老子讲：为道日损，损之又损，以至于无为**。人生做好减法，以简单的心、简单的物质，足以过上高尚的生活，比如庄子，即诸葛亮所说的"俭以养德"。

对此，圣人有以下几点意见。

一、**凡事留有余地，不可做得太满，不可求全，不可画蛇添足**。减的第一步是不增，就像减肥的第一条是保持体重不增长一样。

二、**凡事不论损益、增减，都贵在自然，不可盲目强求**。减肥如此，公司裁员也如此。

三、**天之道损有余而补不足**。

四、**以减为乐，是人生大智慧**。

五、**明地里减少的，暗地里会回来**。比如行善，若你捐的越多，赚的就越多，此为神助；再比如奖励，你奖励的越多，员工为你赚回的就越多，此为人助。

六、**有些东西不会因给予别人而减少，何乐而不为呢**？比如微笑和爱。

然后，圣人由卦象中湖水对山体的侵蚀，进一步想到人的情绪和欲望对身体的侵害，于是，提醒人们要"惩忿窒欲"——要压住愤怒，控制住欲望。这抓住了养生养心的关键，也是修身的根本。曾国藩对此卦就格外重视，他经常教育子弟要"降龙伏虎，惩忿窒欲"，这里的"龙""虎"是指气和欲。

人得病，主要因为生气和欲望无节制。

生气时，气不顺，心里就像总有东西压着，血液流转似乎都变慢了，能感觉到整个身体机能一下子就下降了。时间长了，要么会得慢性病，要么会长肿瘤。

欲望无节制，放纵性欲肯定命长不了，好多皇帝就死在这上面。

从中医的角度讲，生气是肝的问题，性欲是肾的问题，现代人的毛病真在这两个器官上出得最多。

血气方刚的年轻人，容易话不投机大打出手，然后可能就把自己和别人的一生都毁掉了。要能忍耐，要能受气。能忍多大气，就有多大能耐。想想韩信，能忍胯下之辱，方为帅才。

英雄难过美人关，所以美女间谍永远所向披靡。

再进一步讲，除了忿与欲，可能损害身心的东西还有很多，有些甚至不易察觉。损卦的意义在于提醒人们，人生要学会做减法，把那些坏东西、多余的累赘统统甩掉、减去。

益：人生要会做加法

| 经文 | | 直译 |

【益】利有攸往，利涉大川。

【初九】利用为大作，元吉，无咎。

【六二】或益之十朋之龟，弗克违，永贞吉。王用享于帝，吉。

【六三】益之用凶事，无咎。有孚中行，告公用圭。

【六四】中行，告公从。利用为依迁国。

【九五】有孚惠心，勿问元吉；有孚惠我德。

【上九】莫益之，或击之，立心勿恒，凶。

【象曰】风雷，益；君子以见善则迁，有过则改。

【益卦】利于有所前往，利于涉越大河险阻。

【初九】利于做大事，大吉，无灾害。

【六二】有人送来价值"十朋"的宝龟，不能推辞，永远守正吉祥。君王祭祀天帝，吉祥。

【六三】增加东西用来应对凶事，无灾祸。诚信中行，用圭璧向王公报告。

【六四】中道而行，报告王公，得信从。利于依附，迁国都。

【九五】怀诚信施惠之心，不用问卜，大吉祥；将使人以诚信施惠之心待我。

【上九】没人来增益它，有人打击它，立心不守恒，有凶险。

【大象】风雷，益卦；君子见善就向往，有过则改正。

| 诠释 |

这个卦象：上为巽，表示风；下为震，表示雷。风增雷势，雷助风威，彼此互相加分，所以，**圣人命名此卦为"益"，就是增益、增长、增加的意思**。

如果问你增加好，还是减少好，你肯定没法回答，因为这要看是什么，工资当然是增加好，近视眼的度数则是减少好。圣人面对益卦也纠结于类似的问题，他大致讲了以下几点。

一、人要有大作为必须增强本领、增加自身资源、提升工作能力，必须把加法做好。

二、获取财富等资源主要靠上天的福佑。

三、**避免减少，是增加的基本手段**。省一分，就是赚一分。在可能造成损失的地方多下功夫是必要的。

四、众人拾柴火焰高，要调动尽量多的人一起为了某项增益的工作而努力。

五、投之以桃李，报之以琼瑶。**情感与物质是一样的，给予越多，收益越多**。高投入，高产出；不投入，不产出。

六、**无所增益之时，要少安毋躁，沉静坚持**。凡事皆有瓶颈期，会卡在那里很长时间，坚持过去，就进入了新层次。另外，贪得无厌必受其害。

站在统治阶层的角度，圣人提出了警告：增加未必是好事。古代统治者与被统治者往往在玩一场零和游戏，利益只有那么多，你增加了，对方就会减少，无形中民心就失去了。反之，"损上益下，民悦无疆"，是说在古代统治者主动放弃一些利益，不与民争利，藏富于民，百姓才高兴，才会拥护你。

　　不过，圣人总结益卦时，把重点还是放在了修身上，"君子以见善则迁，有过则改"，人生要不断迁善改过，增加好的是益，减去不好的也是益。

　　道理越简单，做起来就越难。一般来讲，分辨善恶、对错、好坏是良知本能，人皆可以，如勤奋好，懒惰不好；助人是善，害人是恶；等等。但常常是明明知道什么是对的，却不那样做。这实在是最大的问题。

　　损卦的"惩忿窒欲"和益卦的"迁善改过"是修身的两手。

　　惩忿窒欲是内在的，修的是身与心，用的是减法。

　　迁善改过是外在的，修的是德与行，用的是加法。

　　一减一加，一阴一阳，正是完整的修身之道。道理简单明白，唯有勉力为之。

夬：紧张关系

| 经文 | 直译 |

【夬】扬于王庭，孚号有厉，告自邑，不利即戎，利有攸往。

【初九】壮于前趾，往不胜为咎。

【九二】惕号，莫夜有戎，勿恤。

【九三】壮于頄，有凶。君子夬夬独行，遇雨若濡，有愠，无咎。

【九四】臀无肤，其行次且。牵羊悔亡，闻言不信。

【九五】苋（xiàn）陆夬夬，中行无咎。

【上六】无号，终有凶。

【象曰】泽上于天，夬；君子以施禄及下，居德则忌。

【夬卦】宣扬于王庭，诚心呼号有危险，从邑中发布告令，不利于武装行动，利于有所前往。

【初九】强壮显于前脚趾，前往不能取胜，有灾祸。

【九二】警惕呼号，暮夜有兵戎，不必忧虑。

【九三】强壮显于颧骨，有凶险。君子决绝果断独行，遇雨打湿衣服，有点愠怒生气，无灾祸。

【九四】臀部无皮肤，行动趑趄困难。牵着羊悔恨消亡，听说了却不信从。

【九五】苋陆草被决绝地割除干净，中道而行，无灾祸。

【上六】没有呼号，终将有凶险。

【大象】泽上于天，夬卦；君子要施布利禄给下面的人，自居功德则为人所忌恨。

| 诠释 |

这个卦象：上为兑，表示湖泽；下为乾，表示天。湖水在天的上面，一定是待不住的，必然会倾泻而下。生活在黄河边的圣人，可能想到了某次黄河决口洪水从天而降的骇人场面，于是命名此卦为"夬"，就是决的意思。

决口、决裂、决斗、对决、果决、决断、决策，这些词语里都隐藏着一种紧张感。夬卦，正是对这种紧张关系的思考。圣人主要强调了以下几点。

一、果决但不能武断。

二、临事而惧，好谋而成。

三、喜怒不形于色，不要让别人察觉你的决心和想法。

四、考虑成熟时，要敢于力排众议，克服重重困难，坚持到底。

五、决断之事，要合乎正道。

六、承担责任。是的，这是必然的，即便你胜利了，也要付出代价。

以上几点，当你决定采取分手、离婚、撕毁协议、背叛等各种决绝的打破现状的行动时，要好好想一想。

圣人并不鼓励人们在紧张关系中采取决绝的极端方式，而是认为，决策者应当努力消除紧张关系，避免矛盾激化，要防患于未然。利益面前，关系之所以紧张，大多是因为利益，所以，决策者应当"施禄及下，居德则忌"。

水主财，卦象中泽上于天，好比钱财都被装进了上面的人的口袋里，这是危险的，是装不住的，索性不如主动与下面的人分享。而且这个分享，不要以为是你给别人的恩惠，那同样危险。要以平常心来看待，你的分享是天经地义的。财散人聚，历代名臣名将，或者创业垂统的帝王，都深明此理。

　　总之，能主动分享利益，关系就不会太紧张。当然，利益是各种形式的，除了钱财，还有功劳、美誉等。

姤: 人生若只如初见

| 经文 | 直译 |

【姤】女壮，勿用取女。

【初六】系于金柅，贞吉，有攸往，见凶，羸豕孚蹢躅（zhí zhú）。

【九二】包有鱼，无咎，不利宾。

【九三】臀无肤，其行次且，厉，无大咎。

【九四】包无鱼，起凶。

【九五】以杞包瓜，含章，有陨自天。

【上九】姤（gòu）其角，吝，无咎。

【象曰】天下有风，姤；后以施命诰四方。

【姤卦】女子过于强壮，不要娶为妻子。

【初六】将物品系在稳定的止动用的金柅上，守正吉祥，急于前往会遇到凶险，羸弱的猪踟蹰不前。

【九二】厨房里有鱼，无所灾祸，不利于待宾客。

【九三】臀部无皮肤，行动趑趄难进，危险，但无大灾祸。

【九四】厨房里没鱼，兴起凶险。

【九五】用杞树叶包着瓜，含蓄美质，有遇合从天而降。

【上九】遇其角尖，有遗憾，无灾祸。

【大象】天下有风，姤卦；君王要发布命令，诏告四方。

| 诠释 |

这个卦象：最下面一个阴爻，上面压着五个阳爻，于是古往今来的无数研究者都误解了此卦象。在笔者看来，凭借这些误解，无法参透圣人的心思。

圣人是风轻云淡的，他在这个卦象中看到的是"天下有风"：上为乾，表示天；下为巽，表示风。辽阔天空下，风吹过，拂过柳条和青草，拂过他的眼睛和心灵，就像一次邂逅。所以，圣人命名此卦为"姤"，就是相遇的意思，遇见人，或者遇见机会。

人生最美丽的时刻是遇见。当志明遇见春娇[1]，当黛玉遇见宝玉……无数电影和小说里，男主角和女主角初见或重逢的时刻，都是最能拨动心弦的。

当然也不见得非得是男主角和女主角的遇见，当孙悟空遇见唐僧、周文王遇见姜子牙、张良遇见黄石公、俞伯牙遇见钟子期都一样大有看头。正如圣人说的天地相遇，品物咸章；秦观说金风玉露一相逢，便胜却人间无数；纳兰性德说人生若只如初见。

当然，不是所有的遇见都是这般美好。圣人明说壮女不要娶。

不论悲剧还是喜剧，一切故事都从遇见开始。对此，圣人有以下几点看法。

一、一见钟情靠不住，要慎重。初见"良人"或"良机"，必然兴奋激动，脑子里腾不出思考的空间，感性有余，理性不足，就容易犯错。这时要提醒自己"点点刹车"。

二、机遇只偏爱有准备的头脑。在遇见之前，要让自己相信你希望的或者恐惧的东西最终会遇见，必须提前做好准备。

1 电影《志明与春娇》中的人物。

三、机遇多挑战。

四、良工不示人以朴。没有准备好，就不要冲在前面。如果产品没弄好就开始营销，那么营销越成功结果就会越失败。

五、天生我材必有用。有什么样的才干，就有什么样的机会。是金子早晚会发光，挡都挡不住。

六、恨不相逢未嫁时，花开花落两由之。

不要因为害怕遇见鬼就不敢出门。只有走出去遇见更多人，遇见更多事，生命才更丰富、更精彩，才有无限发展的可能。走不出去也无妨，圣人说"施命诰四方"，你未必能亲身去云游四海，但可以让你的思想无限传播，与无数人实现心灵的相遇。

对于商业，姤卦应当给人很多启发：不论用什么媒介——互联网、电视、报纸，只要努力与尽量多的人"相遇"，就能赚更多的钱，有的现代营销大师称之为"连接"。

对男人来讲，最美的遇见，莫过于以浪漫开始，以浪漫结束。所以，本文结尾必须浪漫。电影《天下无贼》里刘若英的那首歌与这个卦象很合：风吹着白云飘，你到哪里去了，想你的时候，抬头微笑，知道不知道……

萃：不往人多的地方站

| 经文 | 直译 |

【萃】亨，王假有庙，利见大人，亨，利贞。用大牲吉，利有攸往。

【初六】有孚不终，乃乱乃萃。若号，一握为笑，勿恤，往无咎。

【六二】引吉，无咎，孚乃利用禴（yuè）。

【六三】萃如，嗟如，无攸利，往无咎，小吝。

【九四】大吉，无咎。

【九五】萃有位，无咎。匪孚，元永贞，悔亡。

【上六】赍（jī）咨涕洟，无咎。

【象曰】泽上于地，萃；君子以除戎器，戒不虞。

【萃卦】亨通，君王美德感人，保有宗庙，利于见大人，亨通，利于守正。用大牲畜祭祀吉祥，利于有所前往。

【初六】诚信不能坚持始终，于是乱，于是聚。似哭号，一握手便笑了，不必忧虑，前往无灾祸。

【六二】得到引导，吉祥，无灾祸，有诚意便利于禴祭。

【六三】聚集着，嗟叹着，无所利益，前往无灾祸，小有遗憾。

【九四】大吉祥，无灾祸。

【九五】聚集而有高位，无灾祸。未取信于众，开始恒久守正，悔恨消亡。

【上六】唉声叹气痛哭流涕，无灾祸。

【大象】泽在地上，萃卦；君子要修治兵器，戒备意外之祸。

| 诠释 |

这个卦象：上为兑，表示湖泽；下为坤，表示大地。大地之上，河流小溪汇聚成湖泽，湖泽中草木茂盛，群鸟百兽依水孳衍。圣人由此看到汇聚之象，因此命名此卦为"萃"，表示荟萃、聚集、聚会等，即很多人聚集，或者很多财富资源汇集。对此，圣人认为有以下几点。

第一，人们在一起应当有共同的信念，或者有共同认可的权威来维系平衡，不然就会乱，甚至出现拉帮结派的现象。

第二，人心齐，泰山移。团结就是力量。

第三，**人们在一起要能够彼此包容、妥协，才能保持各种利益之间的平衡。**

第四，人多力量大，众人拾柴火焰高。

第五，要在人群中找准位置，并贴上明确的标签，成功就不远了。

第六，人们都同情弱者，所以有时示弱是一种智慧，如俗语说刘备摔孩子可以收买人心。

圣人认为，不论人的聚集还是财富的聚集，都可能面临内部或外部的诸多矛盾与威胁，所以一方面说"王假有庙"，即强调要善用宗教的手段来教化人心；另一方面则要"除戎器，戒不虞"，即强调准备好打仗的兵器，以防备意外的危险。

国家聚集了大量人口与财富，就必须有军队。《孙子兵法》说"兵者，国之大事，死生之地，存亡之道"，富国必须以强兵为保障。

从个人角度来讲，应当有以下几点启发。

一、越有钱，越要加强自我保护措施。利之所聚，人之所向，你有钱后，就会有人惦记你，想办法算计你。

二、不要往人多的地方站。有个笑话是说古代有个县令惧内，于是召集了很多男人来座谈经验。县令先让所有来的人分两边站，怕老婆的站东边，不怕老婆的站西边。于是所有人都站到了东边，只有一人站在西边。县令很高兴地问那人：你说下不怕老婆的经验吧。那人回答：县太爷，不是我不怕老婆啊，是我老婆不让我往人多的地方站。因为人多的地方危险多、利益纠葛多，小偷多、骗子多，车辆刮蹭多，还可能有踩踏事件等。另外，当很多人聚集在一起时，一方面会被群体的情绪影响，另一方面又有法不责众的侥幸心理，容易陷入集体无意识或集体情绪亢奋中，从而做出过激的事情来。

三、暴力制衡是必需的。

总之，在"萃"面前，要努力让自己安全，避免受伤害。

聚与散是人生的大问题。

萃卦讲聚，有没有哪个卦是讲散的呢？有，就是后面的涣卦，可对照着阅读。

升：成长的两个关键

| 经文 | 直译 |

【升】元亨，用见大人，勿恤，南征吉。

【初六】允升，大吉。

【九二】孚乃利用禴，无咎。

【九三】升虚邑。

【六四】王用亨于岐山，吉无咎。

【六五】贞吉，升阶。

【上六】冥升，利于不息之贞。

【象曰】地中生木，升；君子以顺德，积小以高大。

【升卦】大亨通，能见到大人，不必忧虑，南征吉祥。

【初六】宜上升，大吉祥。

【九二】有诚心，利于禴祭，无灾祸。

【九三】上升到空阔的城邑。

【六四】君王祭祀于岐山，吉祥无灾祸。

【六五】守正吉祥，沿阶上升。

【上六】昏昧而上升，利于不停息地守持正固。

【大象】地中生木，升卦；君子要依顺德行，积小成大。

| 诠释 |

这个卦象：上为坤，表示地；下为巽，一般表示风，这里表示树木。树木从地下长出来，不断长高，一直保持上升的趋势。所以圣人命名此卦为"升"，有上升和成长的意思。

关于成长，圣人提出了以下几点。

一、**凡事初起之时，成长最明显。**孩子从出生到青春期，几天不见就能给长高一截。不管学习什么，从什么都不懂到一知半解进步最明显。经济学所说的"边际效益递减"也是这个道理。

二、**心诚则灵，有信心、有信仰就有利于成长。**

三、完成资本原始积累或打好基本功后，会有成长的加速期。

四、要营造有利于成长的环境，要争取身边的人支持。

五、要稳中求进。

六、**养成良好的习惯，有好的成长机制，人生和事业就可以如种树一般，不用刻意经营也会潜滋暗长，不断成长。**

圣人指出，成长的关键在于"顺德，积小以高大"，不论是人的成长还是事业的成长都适用。

顺德，就是《中庸》开篇的那两句，"天命之谓性，率性之谓道"。成长要顺应天赋的个性，并把它发挥出来。种瓜得瓜，种豆得豆，瓜有瓜的好处，豆有豆的好处。一颗瓜的种子努力长成一个又大又甜的瓜，这就是顺德。如果因为有人喜欢豆，于是一颗瓜的种子就想长成豆，就不是顺德。

奥巴马说中小学教育的意义在于让孩子发现自己真正喜欢什么，自己的优势在哪里，如数学、语言、体育、管理、技术。当然，发现自己的天赋和优势并不容易，你可能从来没有给天赋和优势发挥的机会，使天赋和优势看上去一点也不明显。怎么办呢？笔者听过乔布斯等的演讲，总结了他们的办法，就是倾听自己内心的声音，相信自己的直觉。

总之，对于孩子的教育来讲，要顺其天性，循序培养，可以事半功倍。企业发展也一样，要认真评估自身的核心竞争力，并以此组织经营，开展业务，才更可能在竞争中胜出。

积小以成大，就是积累，如日积月累、铢积寸累、集腋成裘、日知其所无；不积跬步，无以至千里；不积小流，无以成江海等，单从这些描写就可以看出古人对"积累"多么重视。中国人的勤劳、注重储蓄都出于这种观念。圣人的这句话还包含以下两层含义。

一是一种信念，即坚持积累，即便你现在很小，也会有做大的可能。

二是一种智慧，强大不是凭空而来的，也不是一蹴而就的，而是用点滴心血累积而成的，没有量变就不会有质变。

困：人生的六种困境

经文	直译
【困】亨，贞，大人吉，无咎，有言不信。	【困卦】亨通，贞固，大人吉祥，无灾祸，有话说却没人相信。
【初六】臀困于株木，入于幽谷，三岁不觌（dí）。	【初六】臀部困于枯木之中，进入幽暗的深谷，三年不得相见。
【九二】困于酒食，朱绂（fú）方来，利用享祀，征凶，无咎。	【九二】困在酒食之中，大红官服刚刚来，利于祭祀，征进有凶险，无灾祸。
【六三】困于石，据于蒺藜，入于其宫，不见其妻，凶。	【六三】困于乱石，手抓蒺藜，进入宫室，不见其妻，凶险。
【九四】来徐徐，困于金车，吝，有终。	【九四】徐徐而来，被金车所困，有遗憾，但有好结果。
【九五】劓（yì）刖，困于赤绂，乃徐有说，利用祭祀。	【九五】用劓刑、刖刑，困在官服之内，于是徐缓脱离，利于祭祀。
【上六】困于葛藟（lěi），于臲卼（niè wù），曰动悔。有悔，征吉。	【上六】困在葛蔓藟藤之间，困在高危摇晃之处，称为动而有悔。有悔悟，则征进吉祥。
【象曰】泽无水，困；君子以致命遂志。	【大象】泽无水，困卦；君子要有为实现理想不惜献出生命的勇气。

| 诠释 |

这个卦象：上为兑，表示湖泽；下为坎，表示水。水在湖泽之下，只能是地下水，说明湖水干涸了。四川、贵州等地都出现过这种情况，湖底干裂，如大地的伤口。

在遭遇几十年一遇的大旱灾时，会使庄稼绝产，人与牲畜的饮水困难，人们将面临巨大的生存困境。所以，圣人命名此卦为"困"，并且指出以下六种人生的困境。

一、困于没有事业，没有职位，没有机会，被人无视。

二、困于无财。就如俗话说的一分钱可以难倒英雄汉。

三、困于压力，如各种各样的阻力、压制及情感、情绪上的困扰或疾病。

四、困于财富。有钱了，却没有时间了。有钱了，却总担心别人惦记自己的钱。

五、困于权位。权力斗争将耗尽生命。

六、困于命运无常。就像我们被挂在悬崖之间的藤蔓上摇晃，这就是命运。

怎样面对这些困境呢？首先得认清现实情况，然后要拼命。

人活一辈子，难免遇到一两次叫天天不应、叫地地不灵的困境。**成功人士在经历生死困境的洗礼后，将如凤凰涅槃，浴火重生。**就像孙悟空被困在太上老君的炼丹炉里，被压在如来佛的五行山下一样，要经历无数灾难，才能最终修成斗战胜佛。

圣人创作《易经》有两大特点格外明显：一是忧患意识，在所有吉祥平安的卦象里都提醒人们注意可能会遇到的风险；二是乐观精神，几乎所有整卦卦辞都包含希望和光明，没有完全的"凶"，或者一点亮光都没有。以这个困卦来讲，圣人仍然相信"亨，贞，大人吉，无咎。有言不信"。意思是，困境终究会被打破，从而迎来亨通顺达，而且伴随着美誉。

"有言不信"有两层意思：一是身处困境之时，你说的话别人不信，他们不相信你会翻身，认为你的承诺不可能再兑现；二是身处困境时，别人说的话，你不要信，不要指望别人能帮助你，你得下决心靠自己。总之，在困境时多说无益，关键是要怎么做。

那么该怎么做呢？圣人说"困，君子以致命遂志"，意思是真到了山穷水尽时，人要勇于拼搏。

从现实的角度讲，处在困境时，要有拼了的决心，常常是摆脱困境的唯一希望。《孙子兵法》说"陷之死地而后生"，在绝境中，人的潜能会被最大限度地激发出来，超越平常。

曾国藩也认为，很多人的成功都是被逼出来的，现代博弈论同样支持这种观点。

英国的单亲妈妈罗琳是世界上著名的作家，然而，她在"哈利·波特"系列图书出版前曾困苦不堪，是底层里的底层。她说不经过苦难的检验，绝不会真正了解自己的潜质，以及你和别人的关系。绝境意味着能把无关紧要的东西剥离，并将全部力量用于重要的事情。

人生的最低点，其实也是重建生活的新起点。再坏也不会坏到哪里去，索性可以放手一搏。

井：为官三德

| 经文 | 直译 |

【井】改邑不改井，无丧无得，往来井井。汔至亦未繘井，羸其瓶，凶。

【初六】井泥不食，旧井无禽。

【九二】井谷射鲋（fù），瓮敝漏。

【九三】井渫（xiè）不食，为我心恻，可用汲，王明，并受其福。

【六四】井甃（zhòu），无咎。

【九五】井冽，寒泉食。

【上六】井收勿幕，有孚元吉。

【象曰】木上有水，井；君子以劳民劝相。

【井卦】村庄改迁但不能改迁井，没有丧失也没有得到，依井往来。汲水将出井口，水瓶被打破，凶险。

【初六】井中淤泥，不可食用，陈旧的井边没有禽兽。

【九二】在井谷中射鲋鱼，水瓮破漏。

【九三】清淤后的井水，不被饮用，让我惋惜，可用来汲水啊，君王明智，人们一同受到福报。

【六四】井壁修砌好，无灾祸。

【九五】井水清冽，寒泉可食。

【上六】井口收拢，不加盖，诚信，大吉。

【大象】木上有水，井卦；君子要为民操劳，鼓励人们互相帮助。

| 诠释 |

这个卦象：上为坎，表示水；下为巽，一般表示风，这里表示木。木的上面有水，怎么就成了井？古代学者解读起来大费周章，颇有奇思，如朱熹说树木的水分经树干上行到树叶，浸出成露珠一样的水珠，这就像水从井底汲上来似的，于是这个卦象表示井。

也有人说，古代井底会有木板，以隔开下面的泥，那块木板和上面的水，构成井字。这里不过多考虑圣人究竟如何从这个卦象联想到井，而是要了解圣人眼里的井是怎样的。

圣人说井有"三德"。

一德，忠于职守。"**改邑不改井**"，村庄可以改迁到其他地方，但是井搬不走。把井打在哪里，它就永远在那里。

二德，奉献无倦。"**无丧无得**"，没有人往井中灌水，人们只是一味地从井中取水，但井水一点也不减少，而且从来也没有满溢过。

三德，敦睦乡邻。"**往来井井**"，一个村庄围着一口井生活，井就像纽带。所有家庭各自生活，在井边有交集，井密切了人们的交往，增进了人们的感情。

圣人进而说"**君子以劳民劝相**"，政府应当以井的精神和美德服务于群众，并且在群众中弘扬这些美德，以改良风气，促进和谐发展。

如果你在政府工作，可以对照反省一下：派你到某个地方为当地群众服务时，你是想把根扎在那里，还是只把它当作一块跳板？你是否甘心奉献，毫无索取，也毫无怨言？你是否紧密联系群众？

除了这三种"井德"，圣人认为，在政府工作的人还有一些问题务必要注意。

一、不能有污点，观念和做法也不能陈腐过时。做好人难，做好事不易，因为有瑕疵就容易成为被攻击的对象。

二、有才、有能力、有资源，应当争取相应的职位，造福于民。

三、有时要做好好心被当成驴肝肺的准备。

四、修身为本，所以需要不断修正自己。

五、要清正廉明，服务人民。

六、要光明磊落，坚定信仰。

当然，普通人也应当具备这些精神，特别是"无丧无得"。爱，无丧无得，不损不盈，奉献爱心并不会使自己损失什么，何乐而不为呢？

革：变革

经文	直译

【革】己日乃孚，元亨利贞，悔亡。

【革卦】在己日得到信任，元始，亨通，有利，贞固，悔恨消亡。

【初九】巩用黄牛之革。

【初九】用黄牛皮的绳子捆结实。

【六二】己日乃革之，征吉，无咎。

【六二】在己日举行变革，征进吉祥，无灾祸。

【九三】征凶，贞厉，革言三就，有孚。

【九三】征进有凶险，守正防危，变革初成多番俯就人心，诚信处世。

【九四】悔亡，有孚改命，吉。

【九四】悔恨消亡，诚心改革旧命，吉祥。

【九五】大人虎变，未占有孚。

【九五】大人如猛虎一般变革，不用占卜即得信从。

【上六】君子豹变，小人革面，征凶，居贞吉。

【上六】君子如豹一般变革，小人改变面貌，征进有凶险，居静守正吉祥。

【象曰】泽中有火，革；君子以治历明时。

【大象】泽中有火，革卦；君子要修治历法，明辨天时。

| 诠释 |

这个卦象：上为兑，表示湖泽；下为离，表示火。深冬时节，湖面结着厚厚的冰，在湖的中央，一簇簇枯干的芦苇被人点燃，很快就被烧光了。旧的芦苇被烧掉，明年将有新的芦苇从那里长起来。圣人由此想到了"革"，革除、革新、变革、改变、改革，通俗地讲就一个字：变。在国家层面，变分两种：改革和革命。先改革，改革行不通，就革命。比如戊戌变法就是改革，皇帝还是皇帝，大清还是大清，大局不变，只是对政策制度做一些优化完善。

如果这次改革成功，中国历史必然改写，不过，历史没有"如果"。变法失败十多年后，辛亥革命推翻清朝的统治，从此大局大变。

变革意味着对稳定状态的打破，打破后能否恢复到更高层次的稳定状态呢？这是有很大风险的，因此，反变革的理由也总有很多。商鞅变法时，就有大臣说"**利不百，不变法；功不十，不易器；法古无过，循礼无邪**"。

反变革者的动机多数是因为变革是对利益的重新划分，会伤害到他们的利益。有人说触及利益比触及灵魂都难。所以，历代改革都非常难，要付出血的代价。

怎样变革呢？圣人总结了以下几点。

第一，变革的谋划切不可泄露，必须周密慎重。

第二，**变革的时机把握至关重要**。早了，大家还没感受到危机，一定不会支持和配合；而等到大家都明白非变革不可时，就太晚了。要等天时、地利、人和都基本具备时，才是最好时机。

第三，变革在推进时要全力争取人心，不要激进，要求稳。

第四，**变革最终目的要让灵魂深处进行转变，并重建新的信仰。**

第五，变革需要强势铁腕。断而敢行，神鬼避之。

第六，变革是永无止境的，但应适可而止。使人才得位，好的变得更好，坏的变得不那么坏，就可以了。

在个人层面，圣人讲的"三变"很有意思：小人革面，君子豹变，大人虎变。古人解读这"三变"，可谓千奇百怪，可以理解为以下三个变的层次。

一、变在脸上。小人最善变，跟川剧变脸似的——今天冲你满面春风，明天就翻脸无情；今天贬你，明天巴结你——心中无主，见风使舵。

二、变在言行。士别三日，当刮目相看。最著名的故事是三国时东吴名将吕蒙，本来不爱读书，但在孙权的劝谕下，发奋读书，长进极快，被鲁肃惊叹"非复吴下阿蒙"。

三、变在精神格局。本来名不见经传，由学习和历练，经历若干岁月，一变而具王者气度。

世界上最善变的不是变色龙，是人。一个普通人，经过艰苦奋斗，被命运裹挟，可以称王拜相，建立丰功伟绩。一个大人物也可能转身即为阶下囚。好人会变成坏人，坏人也会变成好人。

世界如此变幻莫测，该如何把握呢？对此，圣人说"君子以治历明时"，即要修订历法，明确节气时令，这样心里就有底了。什么时候播种，什么时候收割，什么时候祭祀，什么时候变革，都有一条清晰的轨迹。人生要是有一套这样的历法时令，人们活得就更明白、更主动了。

鼎：坚守

经文		直译

|经文|

【鼎】元吉，亨。

【初六】鼎颠趾，利出否，得妾以其子，无咎。

【九二】鼎有实；我仇有疾，不我能即，吉。

【九三】鼎耳革，其行塞，雉膏不食，方雨亏悔，终吉。

【九四】鼎折足，覆公悚（sù），其形渥，凶。

【六五】鼎黄耳金铉，利贞。

【上九】鼎玉铉，大吉，无不利。

【象曰】木上有火，鼎；君子以正位凝命。

|直译|

【鼎卦】大吉祥，亨通。

【初六】鼎器颠转足根，利于倒出不好的东西，因其子而得妾，无灾祸。

【九二】鼎中装满东西；我的配偶有疾病，不能接近我，吉祥。

【九三】鼎器耳部坏了，移动困难，雉鸡的膏肉吃不了，刚下雨，正在消除悔恨，最终吉祥。

【九四】鼎足折断，王公的美食倾覆，鼎身沾湿，凶险。

【六五】鼎器配了黄色的耳和铉，利于守正。

【上九】鼎器配了玉铉，大吉祥，无所不利。

【大象】木上有火，鼎卦；君子要端正位置，严守使命。

| 诠释 |

这个卦象：上为离，表示火；下为巽，一般表示风，这里表示木。一堆木柴上烧着火，是在开篝火晚会吗？圣人的眼睛是否看到围着篝火载歌载舞的人们呢？没有，圣人看到的这堆火是在煲汤。

古人煲汤，不用汤锅，而是用大鼎，大块的肉和食材放进去，下面架上火烹煮。鼎既是做饭的厨具，又是祭祀的礼器，夏禹时铸九鼎象征天下九州，所以鼎已成为国家权力的象征。圣人想的是国家层面的问题，所以，他很自然地就把这个卦象命名为"鼎"。

"鼎"之所以成为国家权力的象征，不是偶然的。一方面，隐含了"以食为天"的观念；另一方面，鼎的造型呈现出庄重、威严、坚实、稳定、大气等品质；还有，鼎对食物的调和烹煮体现出了生发、推进的能力，契合了中国人对于国家权力特性的想象。

鼎所承载的价值，很容易被借鉴到精神层面。圣人说"君子以正位凝命"，就是要人们像大鼎一样端端正正，有凛然不可侵犯的气概，又一丝不苟，能严守使命。对于政府工作人员，要恪尽职守，公正，廉明，勤政。对于普通人，要明确自己的责任和使命，并要专注和坚守。

革故容易，鼎新难，守成难。对此，圣人强调了以下几点。

一、稳定的状态是不断调整的结果。把大鼎放下时，不一定稳当，需要推一推、摇一摇，来进行调整，有时还需要垫东西来平衡；甚至还要有备用的，才会稳妥。

二、重任在身，不可妄动，并需要亲朋同事的分担助力。

三、内外部环境都不是稳定的，自身可能会遭遇问题，外部也可能出现不利因素，这时除了坚持和忍耐，没有其他办法。

四、人生和事业皆有定数。就像唐僧师徒从西天取了经驾云而回时，在通天河上掉下来，凑足了八十一难一样。人难免会有一次大凶险、大危机。这时，你的心不要垮掉，并要告诉自己这是一次涅槃、一次伟大的洗礼。

五、重新站起来的人就像淬火的金属，会更加坚硬。

六、唐僧师徒经历了八十一难后修成了正果，一条黄鳝游过九条江变成了龙，艰难造就出来的人会有刚柔相济、能屈能伸的性格。

曾国藩教育子弟要认真学习此卦。世界上的事，最怕认真二字，认真坚守，并要有顶天立地的气概，要有忍辱负重的毅力。

震：人生最大的敌人

| 经文 | | 直译 |

【震】亨。震来虩虩（xì），笑言哑哑，震惊百里，不丧匕鬯（chàng）。

【初九】震来虩虩，后笑言哑哑，吉。

【六二】震来厉，亿丧贝，跻于九陵，勿逐，七日得。

【六三】震苏苏，震行无眚。

【九四】震遂泥。

【六五】震往来厉，亿无丧，有事。

【上六】震索索，视矍矍，征凶。震不于其躬，于其邻，无咎。婚媾有言。

【象曰】洊雷，震；君子以恐惧修省。

【震卦】亨通。震雷袭来时人们恐惧不安，然后笑语声声。震惊百里，则不失祭祀。

【初九】震雷袭来时人们恐惧不安，然后笑语声声，吉祥。

【六二】震雷袭来有危险，大量丧失钱币，登上九重高陵，不要追逐，七天后可以得到。

【六三】震雷袭来簌簌颤抖，如此前行，无灾祸。

【九四】震雷袭来惊陷泥泞。

【六五】震来震往都有危险，没有大量丧失，可以祭祀。

【上六】震雷袭来惴惴不安，惊惶四顾，征进有凶险。震雷未及自身，只及其邻，无灾祸。婚配有言语事端。

【大象】洊雷，震卦；君子要体味恐惧，修身省德。

| 诠释 |

这个卦象：上下都是震，震表示雷，雷连着雷，在天空炸响。**圣人以此卦告诫世人"恐惧修省"**。对此圣人讲了以下几点。

一、人知敬畏，才能笑得坦然。李安说"怕，才有劲儿"。因为有老虎，少年派才从大海中成功返回[1]。

二、大难临头时，要舍财保命，留得青山在，不怕没柴烧。

三、心怀敬畏，才可保平安。

四、太害怕、太紧张会发挥失常，拘泥于陈规会一事无成。

五、灾难来时不能慌，只要应对得当，一般会化险为夷。

六、**灾难不可怕，可怕的是对灾难无准备**。怎么准备呢？要善于从别人的教训里吸取经验。关爱别人常常就是关爱自己。慰问是关爱也是学习。朋友是命运的防波堤。

恐惧是在长期进化的过程中形成的生存本能，当感受到生存面临某种威胁时，身心会进入紧张的待命状态，从而有利于逃避危险。不过太过紧张就会像电脑死机、电器短路一样手脚发软，行动能力丧失。

据说，在东北林区畜养的毛驴遇上老虎，立即就会瘫倒，只能等着让老虎吃。食物链上的很多动物都有这种情况，一物降一物。有些动物以假死的方式来逃生，也是源于恐惧。恐惧作为动物本能在人身上又有很多衍生出来的心理反应，包括焦虑、自卑等都是出于对生存情况不同程度的担心。

人生最大的敌人是两个极端：一个是不知恐惧，欲望无边；另一个是太恐惧，永远走不出去。对于恐惧要有以下几方面的把握。

一方面，自身保持适当的恐惧有利于趋利避害。孔子说凡事应当临

1　出自电影《少年派的奇幻漂流》。

事而惧，平时要"畏天命，畏大人，畏圣人之言"，对于宗教信仰、法律法规、道德原则都要心存敬畏，这样才有利于生存。反之，若"和尚打伞——无法无天"，肆无忌惮，则离倒霉也不远了。西谚讲，上帝让谁死亡，就先让他疯狂。

另一方面，恐惧是调节人类行为的重要杠杆，有时可以利用人的恐惧心理。几乎所有古代战争都有利用恐惧心理来瓦解敌方斗志的。惩罚是所有管理中必不可少的手段，这一点，可参照无妄卦。

再一方面，过度的恐惧常会让人陷入更大的危险，或至少是影响成功的绊脚石，过度恐惧会使人**不敢干，不敢说，不敢改变，不敢行动**。

艮：管住自己

| 经文 | 直译 |

【艮】艮其背，不获其身，行其庭，不见其人，无咎。

【初六】艮其趾，无咎，利永贞。

【六二】艮其腓，不拯其随，其心不快。

【九三】艮其限，列其夤（yín），厉薰心。

【六四】艮其身，无咎。

【六五】艮其辅，言有序，悔亡。

【上九】敦艮，吉。

【象曰】兼山，艮；君子以思不出其位。

【艮卦】停止在其背后，不能获得其全身，走进其庭院，不能见到其人，无灾祸。

【初六】止住其脚趾，无灾祸，利于永久守正。

【六二】止住其小腿，不抬起来随着动，其心中不痛快。

【九三】止住其腰，以至脊肉撕裂，危险如烈火焚心。

【六四】止住其身体，无灾祸。

【六五】止住其口，语言有条理，悔恨消亡。

【上九】敦厚而止，吉祥。

【大象】兼山，艮卦；君子所思不越出其所处之位。

| 诠释 |

这个卦象：上下都是艮，艮表示山。两个山摞在一起，非常多险峻，无法翻越。圣人由此想到的是边界、界限，这正是"艮"的原义。到了边界了，自然就得停下，要踩住刹车，要管住自己，要有自控力。

对此，圣人总结了以下几点。

一是管住手脚，不乱伸手。

二是管住腿，不盲从，不要跟着感觉走。

三是管住腰，要站直腰板，不要趴下，也不要左右摇摆。

四是管住身体，不折腾。

五是管住嘴，不乱说话。

六是管住心。

圣人强调，不要有越界的冲动，"思不出其位"，即心思都要放在自己分内的事上，不能越界。这里有两个问题值得思考。

一、惯性问题。

开车的人都知道在刹车时会感觉到车有很大的惯性。惯性不只是一个力学现象，人的心理、情绪、思维及做事方式、人际关系等都存在惯性，只不过称其为习惯。当习惯了一种状态时，常常身不由己，想停也停不住，于是就出了问题。

当然好习惯也会成就人、成全人。比如，惯性使婚姻更稳定。惯性是把双刃剑，该如何把握呢？其实很简单，就像开车要遵守交规一样，需操作规范，心态平和，车速适当，车子一般都能刹得住的。根本原则是要把坏习惯变成好习惯。

二、边界问题。凡事皆有边界。

有的边界有形，如道路上的线，红灯亮时，车前面那条线就不能轧上，很简单。难的是那些无形的边界，有的以法律法规、规章制度、道德风俗的形式出现，有的则可能只是某种默契或某种心照不宣的约定，总之都需要用心用理性来衡量。

把无形的边界清晰化并恪守，在儒家看来是意义非凡的。在一个社会或一个组织中，人们若都能专注于自己边界内的事情，各安其位，各负其责，各精其道，则在整体上就会最和谐、最有效率。

中国古代管理思想中有一条重要的理论"上下不相侵"，讲的也是这个道理，领导与下属之间有一个分工的边界，越过即为相侵。《资治通鉴》里就批评诸葛亮犯了这个毛病，看上去是事必躬亲，其实是越俎代庖。

另外，边界问题可以引申为舍得问题。有些事物本来就该划在边界外，必须放弃，不能太贪。或者，对有些事物，如有的情感需要你主动在自己与它中间画上这道边界，再小心地后退一步，这是人生大智慧。

渐：凡事要循序渐进

| 经文 | | 直译 |

【渐】女归吉，利贞。

【初六】鸿渐于干，小子厉，有言，无咎。

【六二】鸿渐于磐，饮食衎衎（kàn），吉。

【九三】鸿渐于陆，夫征不复，妇孕不育，凶；利御寇。

【六四】鸿渐于木，或得其桷（jué），无咎。

【九五】鸿渐于陵，妇三岁不孕，终莫之胜，吉。

【上九】鸿渐于陆，其羽可用为仪，吉。

【象曰】山上有木，渐；君子以居贤德善俗。

【渐卦】女子出嫁吉祥，利于守正。

【初六】鸿雁渐进到岸边，小子危险，有责言，无灾祸。

【六二】鸿雁渐进到磐石上，饮食和乐，吉祥。

【九三】鸿雁渐进到高平陆地，丈夫出征不回来，妇人怀孕不生育，凶险；利于抵御强盗。

【六四】鸿雁渐进到高树，或能得到平稳枝丫栖息，无灾祸。

【九五】鸿雁渐进到山陵，妇人三年不怀孕，最终无人能胜她，吉祥。

【上九】鸿雁渐进到高平陆地，羽毛可用于仪式上，吉祥。

【大象】山上有木，渐卦；君子要安处贤德，改善风俗。

| 诠释 |

这个卦象：上为巽，一般表示风，这里表示树木；下为艮，表示山。山上长满树木，当秋冬时节，树的叶子逐渐落光，枝干枯黑，山体裸露出来；当春天来时，树木抽枝长叶，一点点变绿，变得茂密，远望着山渐渐变换着颜色和气象。所以圣人命名此卦为"渐"，有逐渐、渐进的意思。

圣人认为，**对绝大多数的事务都不要着急，要有"渐"的意识，要循序渐进，慢慢来**。就像鸿雁迁徙，那么遥远的路途，不能一下子就飞过去，而是要飞一段，然后落下来休息，再吃点东西，补充好体力再接着飞。也像女人怀孕，一朝分娩之前要有十月怀胎的过程。

有首歌的歌词写道：我是一只小小鸟，想要飞，却怎么也飞不高。对此，圣人总结如下。

第一，人生之初，如鸟在水岸边，因在最低处，所以不被重视，不被理解，经常被指责和嘲讽。

第二，经过一番奋斗，就像鸟儿飞到一块大石头上那样悠闲自在。此时，人的年龄不过30岁，已然事业小成，生活小康，父母健康，孩子可爱，是人生最幸福的时光。

第三，当人生有几分成就感了，就像鸟儿奋力飞上了一座小山，但面临各种中年危机——事业瓶颈，上有老下有小等。

第四，鸟儿终于栖上了高枝。人也在经历各类考验后学得圆滑了，磨圆了，柔韧了，终于能进入较高层的圈子了。

第五，鸟儿再往上飞时，会感到高处不胜寒，也会感到孤独，无助，乏味。

第六，鸟儿飞上了高山之巅，将羽化而登仙。然而，所谓"天若有情天亦老"，神仙若有情，则必有烦恼，神仙若无情，冷冰冰地活一万年又如何？

这只小鸟向上飞的过程与乾卦里龙的奋斗过程是一致的。只是在这里，主要强调的是渐进，这只小鸟不是一飞冲天地、爆发式地飞翔，而是分阶段、分步骤地向上飞翔，就像上泰山的十八盘，台阶是一级一级的，走一段就需要休息一会儿。

凡事皆如此，没有一蹴而就、一口就吃成胖子的事，都是由量变逐渐积累到质变。孔子说"欲速，则不达"。求快往往是不成熟的表现，会把事情办砸。

司马迁批评汉景帝时的改革家晁错失败的原因就是他不懂"渐"的道理。总之，对待各种事务，把握好"渐"就意味着成熟的心态、稳健的作风和长远的眼光。

最后，圣人提到要以渐卦的智慧"居贤德善俗"。领导要率先垂范，倡导良好的道德风尚，移风易俗，推动社会文明发展。这是儒家"以德治国"的着力点。

事实上，历代封建王朝的公务员数量都很小，如一个县的管理人员不过是县官再带领十几个或最多几十个官吏，基层百姓的管理主要依靠民俗乡规。所以，化民成俗、移风易俗格外重要。

风俗风尚形成或转变的过程最体现"渐"的特点，而不是一朝一夕、一声令下就可以的。近几年来，国家对社会道德文明公益广告给予了很大重视，说明国家关注到了这个问题。

归妹：一生的选择

| 经文 | 直译 |

【归妹】征凶，无攸利。

【初九】归妹以娣，跛能履，征吉。

【九二】眇能视，利幽人之贞。

【六三】归妹以须，反归以娣。

【九四】归妹愆（qiān）期，迟归有时。

【六五】帝乙归妹，其君之袂，不如其娣之袂良，月几望，吉。

【上六】女承筐无实，士刲（kuī）羊无血，无攸利。

【象曰】泽上有雷，归妹；君子以永终知敝。

【归妹卦】征进凶险，无所利。

【初九】嫁出少女成为侧室，跛足却能努力行走，征进吉祥。

【九二】眼盲却能勉强看东西，利于幽人之守正。

【六三】嫁出少女仅得须待之位，应当返回，重新嫁作侧室。

【九四】嫁出少女却延误了婚期，迟后会有嫁出之时。

【六五】帝乙嫁出少女，正室的衣饰却不如侧室的衣饰美好，月将圆未满，吉祥。

【上六】女子捧筐，里面没有东西，男子宰杀羊，不见流血，无所利益。

【大象】泽上有雷，归妹卦；君子要长久至终，并且知道其中的弊端。

| 诠释 |

这个卦象：上为震，表示雷；下为兑，表示湖泽。湖泽之上雷声响起，烟雨霏霏，此情此景，正与出嫁少女的心境相合。古时的新娘在入洞房前都没有和新郎见过面，连新郎什么长相、什么脾气都不知道，哪个新娘能开心得起来，都是"哭嫁"的。

所以，**圣人触景生情，命名此卦为"归妹"**，就是嫁出少女的意思。而且非常少有的是，圣人总结全卦的这句话里没一个好词：征凶，无攸利。

出嫁何以如此呢？圣人列举了嫁人的各种遭遇：一开始要做侧室小妾，要看丈夫和公婆的脸色，盼着转正，还得跟其他妻妾竞争，更重要的是，还得照顾一家人吃喝和做家务。能这样过一辈子吗？也未必，因为说不定哪天还会被休掉。

圣人肯定没看过钱钟书的《围城》，"外面的人想进去，里面的人想出来"，但他们的观点是一致的，对于婚姻都不抱乐观的态度。

这个做小媳妇的过程，也可以理解为一个职场奋斗的过程。

第一，从底层职位做起，什么资源都没有，就凭一腔热情勤勉工作。

第二，要善于察言观色，还要埋头做事，少发评论。

第三，要选准职位跳板，把握好，踏上去。

第四，**伟大是熬出来的，要善于等待**。中国人不论在机关还是企业，大多数都是论资排辈的，不过是程度不同而已。那些熬得住的人，以逸待劳，经常比上蹿下跳的人结局更好。

第五，熬到了职位后，要倍加谦虚、低调、勤奋。

第六，凡职场皆有天花板，当你触摸到天花板时，应当做其他的打算了，因为你不走，也会有人赶你走。

现在的职场，在圣人的情境里只能是官场，是士大夫的以身许国、报效君王。从小官吏做起，看大官脸色，盼着升到某个理想中的官位，以发挥自己的才干，还得面临同僚的竞争，整个过程都在不断操劳奉献，而且说不定哪天犯了错误，就会受到惩罚。

不论婚姻还是职业，都是每个人最重要的选择。这个选择常常是要用一生去实践的，而且是绕不过去的。对此，圣人认为"君子以永终知敝"，知道这条路难走也要走，而且要清楚可能面临的诸多困难和问题，都需要处理好，并坚持到底。

有人曾评价孔子"知其不可而为之"，他选择的事业，明明没做成的可能，但依然坚持做，因为那是他的使命。做一个好妻子，或者做一个好的领导可能很艰难，但这是责任，是使命，是人生价值的实现方式。既然你选择了它，那只能忠于它并坚持到底。儒家的忠君爱国、理想主义在归妹卦里都有集中的反映。

有的选择，可能不需要一生那么漫长，但只要是比较长期的，都要面临"永终知敝"的问题。比如，笔者要写系列的中国式励志书，大概要七八本，要写十来年，则必须找一家出版单位出版这系列图书，而不能这家出版单位出版两本，那家出版单位出版三本。

当笔者决定选择某家出版单位时，就要有"永终知敝"的决心，在未来长期的合作中可能出现很多问题，但笔者必须坚持与它合作到底。只有这样，才能双赢。

丰：决策的智慧

| 经文 | 直译 |

【丰】亨，王假之，勿忧，宜日中。

【初九】遇其配主，虽旬无咎，往有尚。

【六二】丰其蔀（bù），日中见斗，往得疑疾，有孚发若，吉。

【九三】丰其沛，日中见沫，折其右肱，无咎。

【九四】丰其蔀，日中见斗，遇其夷主，吉。

【六五】来章，有庆誉，吉。

【上六】丰其屋，蔀其家，窥其户，阒其无人，三岁不觌，凶。

【象曰】雷电皆至，丰；君子以折狱致刑。

【丰卦】亨通，君王美德感人，不必忧虑，宜于如太阳中天普照。

【初九】遇到匹配之主，十日之内无灾祸，前往可受崇尚。

【六二】丰富其蔽障，中午发现星斗，前往得到可疑的疾病，诚信发挥出来，吉祥。

【九三】丰富其暗影，中午发现小星，折断其右臂，无灾祸。

【九四】丰富其蔽障，中午发现星斗，遇到其可疑的主人，吉祥。

【六五】彰显来临，有福庆美誉，吉祥。

【上六】丰富其房屋，蔽障其家室，窥视其门户，静悄悄看不到里面的人，三年也看不见，凶险。

【大象】雷电皆至，丰卦；君子以此来断案判刑。

| 诠释 |

这个卦象：上为震，表示雷；下为离，一般表示火，这里表示闪电。圣人描述这个卦象用了四个字：雷电皆至。前面提到，圣人在描述噬嗑卦的卦象时，用的是两个字：雷电。两者的不同在于，这里多出"皆至"，而圣人的心思就在这两个字上。"皆至"就是都来了，雷来了，电也来了，还可以想到，风也来了，雨也来了。这是什么？这是齐备，是丰富，是充足，是全面，是周详，是多，所以此卦以"丰"为名。

圣人认为，只有深明丰卦的道理，才能去"折狱致刑"。这与噬嗑卦讲的"明罚敕法"有何不同呢？很简单，"明罚敕法"是讲立法和执法，包括用刑；而"折狱致刑"是讲断案量刑，比如，案子里原告与被告到底是谁对谁错，背后真相到底是什么，应该如何判刑等。

"明罚敕法"必须严酷才管用，所以就得像咬东西似的"噬嗑"；而"折狱致刑"最重要的是"人证物证俱在"，是证据充分，是"丰"。

整个丰卦都是在讲述断案的过程。

第一，要努力找到重要的人证、物证，无论花多少时间都是必需的。

第二，要善于在寻常之处发现疑点。而无私心、无主观偏见对于发现证据、判断案情都是必需的。

第三，证据收集要有舍有取、有破有立，还要有不入虎穴焉得虎子的勇气。

第四，人证、物证俱在，就可以定案了。

第五，公正断案，主持世间公道，就会得到美誉，如"包青天"，古代只有皇帝才能称"天子"，用"天"来称誉人的，别的场合是没有的。

第六，人往往在有了资历后或居于高位时，做事会越来越主观，不喜欢到现场，只凭经验想象，而忽视证据，这必然会出问题。

孔子曾批评他的学生子由"片言可以折狱"，凭片面之词就断案会出冤情的。贲卦中也专门强调"无敢折狱"，有文饰虚假就不能断案。这就是中国人古老的法治精神。

当然，圣人历来言近而旨远，丰卦的意义绝不局限于断案。任何事物的判断与决策都应当运用丰卦的智慧，并要心思周密，有丰富的想象力，还要身临现场，深入听取周围人的意见，收集尽量多的相关资料与数据，再仔细观察，认真推敲。

《易经》的主要精神是简易，但所有有价值的简易，必然是经过"丰"后，再"简"下来的。

旅：勤字当头

经文	直译

【旅】小亨，旅贞吉。

【初六】旅琐琐，斯其所取灾。

【六二】旅即次，怀其资，得童仆，贞。

【九三】旅焚其次，丧其童仆，贞厉。

【九四】旅于处，得其资斧，我心不快。

【六五】射雉一矢亡，终以誉命。

【上九】鸟焚其巢，旅人先笑后号咷。丧牛于易，凶。

【象曰】山上有火，旅；君子以明慎用刑，而不留狱。

【旅卦】小亨通，行旅守正吉祥。

【初六】行旅之初举动猥琐，这是自取灾祸。

【六二】行旅住店，怀藏资财，得到童仆，正固。

【九三】行旅所住的店被烧了，童仆走失，守正防危。

【九四】行旅到某处，得到资财利器，我的心里却并不快乐。

【六五】射野雉，丢失了一支箭，最终得到美誉、爵命。

【上九】鸟的巢被烧，行旅之人先大笑，后大哭，在田畔丢了牛，凶险。

【大象】山上有火，旅卦；君子处理刑狱要明察审慎，而且不能滞留案件。

| 诠释 |

这个卦象：上为离，表示火，也表示太阳；下为艮，表示山。群山在夕阳映照下，涂上了一层忧郁的色调，山间小路上一两个人牵着骡马赶路，牲口项下悬的铃铛叮当响着，更增添了一分寂寥。就像那段著名的元曲：枯藤老树昏鸦，小桥流水人家，古道西风瘦马。夕阳西下，断肠人在天涯。圣人由此想到的是羁旅、商旅，命名此卦为"旅"。

在旅卦中，圣人讲了一个曲折的行商故事。在古老的年代，商人的艰辛与电视剧《乔家大院》里山西商人走西口差不多，走南闯北，风餐露宿，还经常遇上各种意外，还要结交权贵，奋斗一辈子积攒的财富也未必安全，到头来，常有悲凉下场。

关于经商，圣人总结了以下几点。

一、初涉商海切不可有投机取巧的想法，不能走歪门邪道，不能假冒伪劣，一旦打了这样的坏底子，事业不可能做长。

二、**走出去就有机会**。《西游记》里讲，行动就有三分利。机会没有坐在家里等来的，也没有按着计划、设想出现的，都是随机的。要走出去，考察、参加展会或各种商务活动，未必能碰上机会，但不走出去肯定没机会。机会无非两样：一是得财；二是得才。即得到商机与人才。

三、经商者随时都可能面临风险。风险是正常的，即所谓的富贵险中求。

四、赚钱太刻意，就会很辛苦，快乐指数会降低。笔者有时就想，有的钱赚得太委屈自己。

五、**得失无定数**，有些不经意的工作可能实现很大的收益。就像下围棋，布一些闲棋冷子常有奇妙之用。

六、人为财死，鸟为食亡。

圣人不是商人，但他有"三人行必有我师焉"的态度，能发现商人身上的可贵品质，并借鉴到自己的工作中。他说"君子以明慎用刑，而不留狱"，意思是学习商人的精打细算和日清日结来处理刑狱政务，量刑要仔细推敲、慎之又慎，也不能拖延。以企业家精神和企业管理思想来从事公共事务管理，在今天仍然是一个重要课题。

商人的精打细算、日清日结与古代官员的"明慎用刑而不留狱"，可以归结为一条品质，就是勤。

在这点上，曾国藩有个精辟的"五勤五到"：身勤，眼勤，手勤，口勤，心勤；身到，心到，眼到，手到，口到。可以说，这是曾国藩成功的秘诀。总之，勤字当头，将勤补拙，不懒惰，不拖沓，不论经商还是做官，或者从事其他职业，都差不了。

巽：顺势而为

| 经文 | 直译 |

【巽】小亨，利有攸往，利见大人。

【初六】进退，利武人之贞。

【九二】巽在床下，用史巫纷若，吉无咎。

【九三】频巽，吝。

【六四】悔亡，田获三品。

【九五】贞吉悔亡，无不利。无初有终。先庚三日，后庚三日，吉。

【上九】巽在床下，丧其资斧，贞凶。

【象曰】随风，巽；君子以申命行事。

【巽卦】小亨通，利于有所前往，利于见大人。

【初六】是进？是退？利于武人之守正。

【九二】顺从居于床下，像史巫侍奉神一般毕恭毕敬，吉祥，无灾祸。

【九三】颦蹙忧郁勉强顺从，有遗憾。

【六四】悔恨消亡，田猎获得三类物品。

【九五】守正吉祥，悔恨消亡，无所不利。起初不顺，最终顺利。庚日的三天前，与庚日的三天后有变化，吉祥。

【上九】顺从居于床下，丢失了资财与利器，守正防凶。

【大象】随风，巽卦；君子要申谕命令来做事。

| 诠释 |

这个卦象：上下皆为巽，卦名自然为"巽"。巽表示风，卦象上，风随着风，自然就是顺风，反过来印证"巽"的意义，即顺从、顺势、归顺、柔顺、忍让、忍耐的意思。

圣人着重讲了以下几点。

一、**越是阳刚偏强的人越要懂得顺从的意义，要善于把握进退、刚柔并济**。如果战胜不了对方，索性就加入对方，与对方合作。

二、一味顺从，不好受。鲁迅曾批评中国历史上只有"想做奴隶而不得的时代"和"暂时做稳了奴隶的时代"。谁愿意当奴隶呢？谁也不愿意。

三、**一忍到底，必有收获**。传说玉皇大帝之前在凡间时的名字就叫张百忍。

四、忍为高，能忍人之不能忍，才是大英雄。俗话说忍一时风平浪静，退一步海阔天空；十年河东，十年河西；只要忍得住，咸鱼必翻身。

五、顺从无坏处，但窝囊一辈子，什么也没落下，就不值得。

鲁迅的话切中了中国传统文化的一个要害，不论儒、释、道，都强调顺从、忍受、以柔胜强。

在人际关系方面，儒家的君臣、父子、夫妇关系都以顺为基础：忠君，令行禁止，服从，是顺。孝顺，顺者为孝，是顺。夫唱妇随，"以顺为正，妾妇之道"，是顺。

在人与命运、自然的关系方面，也是说人要顺乎天性，"天命之谓性，率性之谓道"。

圣人所讲的"君子以申命行事"，正是对这些观念的概括。不过，圣人的态度是积极的，不论是处理与人、与天还是与自我的关系，都要善于顺势而为，就像顺风骑车、顺水行舟，阻力最小，助力最大，事半功倍。

兑：友情如水

经文	直译
【兑】亨，利贞。	【兑卦】亨通，利于守正。
【初九】和兑，吉。	【初九】平和相待，吉祥。
【九二】孚兑，吉，悔亡。	【九二】诚信相待，吉祥，悔恨消亡。
【六三】来兑，凶。	【六三】前来对接，凶险。
【九四】商兑，未宁，介疾有喜。	【九四】协商相待，还未安宁，解除疾患，有喜乐。
【九五】孚于剥，有厉。	【九五】诚信消剥，有危险。
【上六】引兑。	【上六】牵引对接。
【象曰】丽泽，兑；君子以朋友讲习。	【大象】丽泽，兑卦；君子结交朋友，互相交流学习。

| 诠释 |

兑表示湖泽，在这个卦象里，上下两个兑，表示两个湖贯通相连，就像两杯水兑在一起，互相融汇，彼此丰富。**圣人由此想到"君子以朋友讲习"**，朋友之间的沟通、交流可互益双方，共同进步。

对于朋友，圣人认为"和兑""孚兑""商兑"是好的，"来兑"不好，对"引兑"则未置可否。

（一）和兑。

两个人得能擦出火花，才能相互认同，彼此吸引。就像在咖啡里加糖，能融到一起，而且咖啡更好喝了，糖也更容易吸收。咖啡里加香油就不行，香油都在上面漂着。

对于志同道合的朋友关系，圣人有一段描述非常精彩："**同声相应，同气相求。水流湿，火就燥，云从龙，风从虎。本乎天者亲上，本乎地者亲下，则各从其类也。**"

（二）孚兑。

朋友之间要以诚相待，容不得欺骗。一旦有了欺骗，不但朋友做不成，反而容易成为仇人。

（三）来兑。

交朋友要顺其自然，感情的事都是勉强不得的。笔者当年独自离家求学，非常渴望友情，为此而烦恼，最终发现，朋友是可遇而不可求的。最终跟谁是朋友，就像最终跟谁是夫妻一样，都需要有很大的缘分才能走到一起。另外，还得明白人们的一种心理，并有所把握：送上门来的都不是太好的。

（四）商兑。

朋友之间难免有分歧和误会，该怎么办呢？必须多商量、多沟通、多交流。

（五）世界变幻，人生无常，友情也不可能一成不变。

有的朋友跻身高位，忙得顾不上吃饭，他可能怠慢了你，也许并非有心。只要那份体谅和善意还在，友情就未曾离开。

（六）引兑。

分两种情况：一是桃李无言，下自成蹊。你努力学习，推进事业，提高修养，做一个可爱的人，自然有人主动与你交朋友，"有朋自远方来，不亦乐乎"？二是主动与你交往的人未必都是君子，有的小人善于取悦于人。朋友之间快乐不是最重要的，最重要的是有利于生存与发展。小人也许可爱，但会冷不丁地伤害你。

朋友之间，就像两个湖水的贯通。

二人同心，其利断金；同心之言，其臭如兰。

以水来讲友情，还有一句《庄子》里的名言：君子之交淡如水。

当然，跳出"大象"的框定，也可以用兑卦来讲爱情。两情相悦的"悦"字，正是"心"之"兑"。世间的道理一跟男女扯上关系就可以无限遐想，妙趣横生。比如，这里面的"引兑"就成了勾引，其他几个"兑"味道也就都变了。还是那句话：仁者见仁，智者见智，这正是《易经》的魅力所在。

涣：自由

| 经文 |

【涣】亨。王假有庙，利涉大川，利贞。

【初六】用拯马壮，吉。

【九二】涣奔其机，悔亡。

【六三】涣其躬，无悔。

【六四】涣其群，元吉。涣有丘，匪夷所思。

【九五】涣汗其大号，涣王居，无咎。

【上九】涣其血，去逖出，无咎。

【象曰】风行水上，涣；先王以享于帝立庙。

| 直译 |

【涣卦】亨通。君王以美德感召保有宗庙，利于涉越大河险阻，利于守正。

【初六】用马来拯救，渐复强壮，吉祥。

【九二】涣散之时，奔就可凭借之物，悔恨消亡。

【六三】涣散其自身，无悔恨。

【六四】涣散其群体，大吉祥。涣散小群聚成山丘一般的大群，不是平常人可以想到的。

【九五】像出汗一般发布盛大号令，涣散君王的居积，无灾祸。

【上九】涣散其血液，惕惧排出，无灾祸。

【大象】风行水上，涣卦；先王要祭祀天帝，建立宗庙。

| 诠释 |

这个卦象：上为巽，表示风；下为坎，表示水。在春天，凝固寒肃的冰雪慢慢消融，风从水面上吹过，波光粼粼，一派自由之象。于是，圣人以"涣"字命名此卦，有涣然冰释、涣散、散开、流动、自由、松开、放开、开放的意思。这些词虽都有"散"的意义，但很明显，有褒义和贬义的分别，究竟为何，当视情境、程度而定。圣人简短的话中是褒贬兼顾的，他讲了以下几点。

第一，在事物有涣散的苗头时，要及时果断地采取强力手段来防止。所谓"千里之堤溃于蚁穴"，人心的涣散也要及早防范。

第二，当涣散的程度已达到不可收拾的地步，要抓住一些东西，立定脚跟，即便做不了中流砥柱，也不要随波逐流。树倒猢狲散，大家都各自奔命时，你要能定得住心。今天的人们浮躁，都为一己私利而忙，你要坚持信仰。

第三，举世皆浊我独清，这是危险的，心底的坚守不能动摇，但不必表现出来。孔子说"毋意、毋必、毋固、毋我"。道家说"和光同尘"。要能把自己拆开了、打破了、揉碎了。

第四，一个组织也应当有顺势而为的智慧，在一种相对松散的环境下，形成内在的聚集力。对任何组织来讲，只有相对宽松才能保持活力，有狼性、有生气，才有创造力。

第五，凡政策要分解为若干可操作的细则，要全面，应覆盖到所有细节。还要打破各种界限，使政策充分落实。

第六，要确保畅通地流转和新陈代谢，包括生理的、资金的、人事的、政策的等各种层面与形式的，这样才健康。

从上述几条可以看到，"散"从一种危机逐渐变成一种主动的策略，从消极转化为积极。

最后，圣人的总结还是基于国家层面的，他讲执政者"享于帝立庙"，祭享天帝，建立宗庙，以宗教、民族精神、价值观来凝聚"散"的人民。同时，在这种无形的凝聚力之下，让人民充分享受"散"的自由，这样才有利于发展。

胡适曾批评李大钊要少讲些主义，多谈些问题。李大钊则坚持认为主义是重要的、是凝聚人心的手段。今天的人类世界也面临因"涣散"带来的诸多问题，很多人也认为需要通过提倡人类的共同价值观来改善。在企业管理方面，要强调企业文化，提高企业员工的凝聚力和协调能力。

不过，笔者认为，涣卦反映出来的"散"的积极意义是尤其重要的。蔡邕《书论》讲："书者，散也。"写书法，首先要放松，不能紧张。美丽的东西都是舒展的。

从做人来讲，太古板、太严肃的人，招人讨厌，而且一般也不会有真本事。所以应当放开一些，要有开放的思维和眼光，保持自由的心灵、活泼、幽默。没有什么是绝对的，不能钻牛角尖，无招胜有招。

世界本身就是散乱的，人生而自由，秩序是相对的，但维系这个世界的确有一种精神的力量，所谓"形散而神不散"，这是每个人都要认真思考的。

节：节制

| 经文 | 直译 |

【节】亨。苦节不可贞。

【初九】不出户庭，无咎。

【九二】不出门庭，凶。

【六三】不节若，则嗟若，无咎。

【六四】安节，亨。

【九五】甘节，吉；往有尚。

【上六】苦节，贞凶，悔亡。

【象曰】泽上有水，节；君子以制数度，议德行。

【节卦】亨通，过分节制不可以守正。

【初九】不走出户外庭院，无灾祸。

【九二】不走出门内庭院，凶险。

【六三】不能节制，于是嗟叹悔悟，无灾祸。

【六四】安于节制，亨通。

【九五】心甘于节制，吉祥；前往将受尊尚。

【上六】过分节制，守正防凶，悔恨消亡。

【大象】泽上有水，节卦；君子要制定礼数法度，公议德行。

| 诠释 |

这个卦象：上为坎，表示水，这里表示河流；下为兑，表示湖泽。以长江和洞庭湖来讲，丰水期，洞庭湖作为泄洪湖，蓄接大量江水；枯水期，洞庭湖水则对长江有一定的补给。可以说，湖泽对江河有一定的调节作用，使其能一直保持相对稳定的水量。

所以，**圣人命名此卦象为"节"，表示调节、节制之意**。圣人认为，人的行为和人的发展也需要调节的力量才能更有效率，少出问题，并把这种调节的力量归纳为"制数度，议德行"。

制数度包括明确的奖罚制度、法律法规、规范、规定等，这主要是外在的调控力量。它以强制性、引导性、规范性来影响人做什么、不做什么及如何做。

议德行包括道德、风俗、舆论等，这主要是内在的调控力量。它在那些外部的奖罚不能触及的领域里发挥力量。比如，魏孝文帝就曾经鼓励史官要实事求是地记录他的功过，因为作为皇帝奖罚都到不了他自己头上，如果再没有历史的评判在头上，就容易忘乎所以了。

怎么面对这些调节力量呢？圣人总结了以下几点。

一、没有规范可资参照，不知如何做时，索性暂时放下，一动不如一静，可观察一下再作打算。

二、一味谨慎也不行，待在家里只能坐失良机。该出手时就出手，该尝试时要尝试，**有的路必须自己走出来**。

三、没有规矩不成方圆，凡事要可控，要有框架框着。特别是要有自控力，如果自己管不好自己，出了问题，只能自作自受。

四、适应制度，在制度的范围内自由发挥，这是水平。

五、让制度为自己服务，享受制度红利，这是境界。

六、以制度为苦，或对自己节制太过，将不胜其累，必然难以坚持长久，即便长久也没有好处。

人生就是一个人与这些调节力量之间的不断博弈与平衡。不论外部的还是内部的，这些调节力量都是异常复杂的，哪些要坚守，哪些有弹性可以灵活一些，都如人饮水，冷暖自知，体现着人生大智慧。

庄子说善不近名，恶不近刑。你不用去做道德模范，那样太累，可能会憋出病来；也不要犯罪。在调节力量的两个极端之间，有广阔的空间可以自由地生活。

站在决策者角度，怎样用好这两种调节力量是头等问题。

中孚：诚信赢天下

| 经文 | 直译 |

经文

【中孚】豚鱼吉，利涉大川，利贞。

【初九】虞吉，有它不燕。

【九二】鸣鹤在阴，其子和之；我有好爵，吾与尔靡之。

【六三】得敌，或鼓或罢，或泣或歌。

【六四】月几望，马匹亡，无咎。

【九五】有孚挛如，无咎。

【上九】翰音登于天，贞凶。

【象曰】泽上有风，中孚；君子以议狱缓死。

直译

【中孚卦】诚信感化猪和鱼，吉祥，利于涉越大河险阻，利于守正。

【初九】安守诚信，吉祥，有别的想法，将不安宁。

【九二】鹤在草阴间鸣叫，小鹤跟着和鸣；我有好酒，愿与你共饮。

【六三】遇到敌人，或击鼓进攻，或疲惫败退，或悲泣，或欢歌。

【六四】月亮将盈未满，马匹丢失，无灾祸。

【九五】诚信维系人心，无灾祸。

【上九】飞鸟的叫声上达高天，守正防凶。

【大象】泽上有风，中孚卦；君子要复议狱案，慎用死刑。

| 诠释 |

这个卦象：上为巽，表示风；下为兑，表示湖泽。风从湖泽上吹过，也吹过花草树木，吹过鸟兽昆虫，不论吹到什么，风都一视同仁，即都是一样的方向、一样的力度、一样的温度。

圣人由此想到"中孚"，即中正、公平、诚信。这里诚信是基础，没有诚信，怎能公平？怎能中正？所以，简而言之，中孚卦主要讲诚信。

圣人总结了以下几点。

第一，**诚信是最省心省力的处世方式。**实话实说，怎么说的就怎么做，怎么做的就怎么说，很简单。骗人则难得多，明明心里这样想，嘴上却要那样说，多别扭。通常一个谎言讲出来，要用无数个谎言来圆这个谎，这对记忆力是个大考验。一旦谎言被戳穿，还可能众叛亲离，风险很高，很不踏实。

第二，谁都愿意跟诚信的人交朋友、合作、分享。人们都需要安全感，都希望交往共事的人是有根的。所以诚信意味着更多的朋友、更多的合作伙伴、更多的发展机会。诚以交友，人生至乐。

第三，在面对困难和问题时，诚信就是要有明确的态度、立场，不能骑墙，不能模棱两可，不能两边讨好。这也意味着要承担风险。

第四，犯了错误或出了问题，就要主动承认、承担，绝不文过饰非，这种诚信的态度常会赢得人们的谅解和尊重。

第五，构建一个诚信体系，包括人际的圈子、企业组织的圈子，这样的发展才会稳健。

第六，诚信、中正、公平等，这样的声誉当然好，但不必刻意宣扬。人怕出名猪怕壮。历史上有很多类似的故事，老百姓公认的好官、公认的善举，皇帝看着却不是滋味。一般人都知道功高震主是危险的，却不知道"名"高震主也是危险的。要把美名留给决定你命运的人，要有"逃名"的意识。

最后，圣人又回到了君子（也就是古代官员）的本职，认为"议狱缓死"要具备中正、公平、诚信的精神。至此，圣人在此方面的思想包括以下几点。

一、"噬嗑，先王以明罚敕法"，要有法可依、严格执法。

二、"贲，君子以明庶政，无敢折狱"，法制容不得半点虚假。

三、"丰，君子以折狱致刑"，断案要依据充足的证据，而且不能拖延。

四、"旅，君子以明慎用刑，而不留狱"，量刑要仔细推敲，慎之又慎，又不能拖延。

五、"中孚，君子以议狱缓死"，要诚信公正、不负民望。

《易经》六十四卦，圣人用五卦来讲这些法制思想，为什么法制思想这么受重视，因为它是国家机器，关系到天下百姓身家性命。圣人的良苦用心，今天的人们能否体会呢？

由此也可以发现，圣人对卦象的总结都是与工作紧密联系的，是务实的、具体的；同时，又不局限于实务，而是言近旨远，具有包容性、超越性。中孚卦阐述的"诚"，后来被发展成为儒家最重要的价值观之一。《大学》讲"诚意"；《中庸》讲"至诚"，认为至诚可以"参天地之化育"，诚是连接人与天地自然的精神纽带。

精诚所至，金石为开。诚信赢天下。

小过：凡事有度

| 经文 | | 直译 |

【小过】亨，利贞，可小事，不可大事。飞鸟遗之音，不宜上宜下，大吉。

【初六】飞鸟以凶。

【六二】过其祖，遇其妣；不及其君，遇其臣；无咎。

【九三】弗过防之，从或戕之，凶。

【九四】无咎，弗过遇之。往厉必戒，勿用永贞。

【六五】密云不雨，自我西郊，公弋取彼在穴。

【上六】弗遇过之，飞鸟离之，凶，是谓灾眚。

【象曰】山上有雷，小过；君子以行过乎恭，丧过乎哀，用过乎俭。

【小过卦】亨通，利于守正，可以处小事，不可以处大事。飞鸟传来鸣声，不宜向上飞，适宜向下飞，大吉祥。

【初六】鸟飞走，有凶险。

【六二】越过祖父，遇到祖母；没赶上君主，遇到其大臣；无灾祸。

【九三】没越过，防备它，随从人会受到戕害，凶险。

【九四】无灾祸，没越过可以相遇。前往有危险必须戒备，不要施展才能，永守正固。

【六五】浓云密布而不降雨，从我们城邑西郊升起，王公竭力射取藏在洞穴中的东西。

【上六】没遇上，越过了，飞鸟落网，凶险，这就叫灾祸。

【大象】山上有雷，小过卦；君子行为过于恭敬，居丧事过于悲哀，用度过于节俭。

| 诠释 |

这个卦象：上为震，表示雷；下为艮，表示山。结合前面的颐卦"山下有雷，颐"来理解这个卦象会比较容易，圣人把人的脑袋看作山，山下的雷就是脑袋下面口腔里的声音，那么"山上的雷"是什么呢？你有没有脑袋嗡嗡响过呢？那就是"山上的雷"。为什么会脑袋嗡嗡响呢？一般都是因为思虑过度，想得过多。**而想得过多则行为相应就容易过分。**

那么，这个"小过"与前面的"大过"有何区别呢？简单地说，小过是思想行为的过，是与自我的关系；大过是外部势力过强过大，是与外部的关系。

对于思想行为的"小过"，圣人认为有以下几点。

第一，**初势不可太盛。**就像唱歌，调子起得太高了，到后面就唱不上去了。凡事一开始就急于如何如之何，是要出问题的，如你新到一个单位，一上来就想着表现得多么优秀多么出众，就容易锋芒太露，从而伤害别人而遭嫉妒。新官上任就立即烧三把火，一般也不稳妥，因为各方面关系都没理顺，这把火能烧起来吗？烧起来能控制得住吗？

第二，取法乎上，可得其中。想法高一点，志向大一点，不是坏事，即便达不到这个理想的目标，退而求其次也不错。

第三，最理想的是中庸，不过分也不欠缺，正好；最怕的是摇摆不定，今天比谁蹦得都高，明天又比谁都低，那样不容易翻身。

第四，**把握不好分寸时宁可不做。**

第五，低调守静为人生常态。平时毫不显露，做事时则"一剑封喉"。

第六，**与其过分，不如守缺。**欠缺一点，问题不大，也算是留有进步的余地；但过分了、过度了，常常收不了场。就像炒菜，盐放少了，菜就做淡了，但还可以加盐，但要是做咸了，菜就没法吃了。

医学上现在有共识，很多病会因为过度治疗而恶化，人没病死，却被手术之类的治疗给折腾死了。过度消费、过度竞争、过度娱乐、过度教育等，太多过度的事物只会自己折腾自己。

很多小事过一点，没问题。圣人举例子说"君子以行过乎恭，丧过乎哀，用过乎俭"，意思是人做事情就应当格外认真，丧事上就应当极尽哀伤，过日子越俭省越好。

但是，大事上要有从容严整的气象，不可以偏执过分，中庸退让才会成功。

既济：守成更难

| 经文 | 直译 |

【既济】亨，小利贞，初吉终乱。

【初九】曳其轮，濡其尾，无咎。

【六二】妇丧其茀（fú），勿逐，七日得。

【九三】高宗伐鬼方，三年克之，小人勿用。

【六四】繻有衣袽（rú），终日戒。

【九五】东邻杀牛，不如西邻之禴祭，实受其福。

【上六】濡其首，厉。

【象曰】水在火上，既济；君子以思患而预防之。

【既济卦】亨通，弱小者利于守正，起初吉祥，最终危乱。

【初九】车轮被拖曳，就像渡河的小狐狸濡湿其尾巴，无灾祸。

【六二】妇人丢失了头饰，不必追寻，七日后复得。

【九三】殷高宗讨伐鬼方，三年征服，小人不要用。

【六四】华美衣服变成破旧衣服，终日戒备。

【九五】东边邻国杀牛来举行盛大祭祀，不如西边邻国进行微薄的禴祭，切实受到福佑。

【上六】就像过河的小狐狸濡湿其头，有危险。

【大象】水在火上，既济卦；君子要思虑祸患，预防其发生。

| 诠释 |

这个卦象：上为坎，表示水；下为离，表示火。前面鼎卦的卦象是"木上有火"，是正在大鼎里煮东西的样子。现在这个卦象，"水在火上"，说明人们不是在关注下面烧火的情况，而是在关注鼎里面的汤。可能会盛一勺汤尝尝呢。

总之，这顿丰盛的餐食差不多做熟了。就好像渡河的人总算游到了对岸一样。所以圣人命名此卦为"既济"，即已经渡过去了，事已经成了。这时，是不是可以安安稳稳睡大觉了呢？当然不是。有道是煮熟的鸭子照样能飞走。

历尽千辛万苦、百般磨难，最终大功告成不是结束，而是新的开始。毛泽东诗词"雄关漫道真如铁，而今迈步从头越。从头越，苍山如海，残阳如血"。前路依然漫长且充满危机。圣人总结了以下几点。

一、事业初成时，将面临大量从创业到守业的转型问题，仍须勉力而为。

二、**无关宏旨的小得失不必挂怀**，水至清则无鱼，有容乃大。

三、**守业成败的关键在于用人**。特别是在那些要押上大本钱的举措上，务必要用人谨慎。要用的人可以没有能力，但必须诚实，要能及时把他犯的错误、出的问题如实反馈给你，从而避免进一步的损失。

如果要用的人功利心、虚荣心太强，犯了错误而不如实反馈就可能把整个事业拖入深渊。如果这个人有二心，或有另立的心，那就更危险。越是做大事业，最终失败的，往往都是因为内部人出问题。

四、保持节俭、谨慎。

五、要务实，要重视小的积累，而不要贪求那些不切实际的东西，因为那些东西即便不是陷阱，也往往只是镜花水月，不仅徒费精力，而且劳民伤财。

六、对于可能伤及核心利益的问题，要防微杜渐，及时发现及时解决。

总之，创业不易，守成更难，要"思患而预防之"，要保持忧患意识，防患于未然。要明白"生于忧患，死于安乐"。要学习比尔·盖茨的思想：我们的公司离破产永远只差18个月。

防患于未然在各种社会事业中已经制度化，如项目立项时要有环境评估；建设时要具备消防设施，有的地方还要考虑防震问题等。

《黄帝内经》讲"病已成而后药之，乱已成而后治之，不亦晚乎？"它提出高明的医术在于"治未病"。儒家的"人无远虑必有近忧""生于忧患而死于安乐""凡事豫则立，不豫则废"等，皆含义相通。

未济：在路上

| 经文 |

【未济】亨，小狐汔济，濡其尾，无攸利。

【初六】濡其尾，吝。

【九二】曳其轮，贞吉。

【六三】未济，征凶，利涉大川。

【九四】贞吉，悔亡，震用伐鬼方，三年有赏于大国。

【六五】贞吉，无悔，君子之光，有孚，吉。

【上九】有孚于饮酒，无咎；濡其首，有孚失是。

【象曰】火在水上，未济；君子以慎辨物居方。

| 直译 |

【未济卦】亨通，就像小狐狸渡河将要完成，濡湿了尾巴，无所利益。

【初六】就像小狐狸濡湿了尾巴，有遗憾。

【九二】拖曳其车轮，守正吉祥。

【六三】未能渡过，急于征进有凶险，反而利于涉越大河险阻。

【九四】守正吉祥，悔恨消亡，以强大威势征伐鬼方，三年成功，受封赏为大国诸侯。

【六五】守正吉祥，无怨无悔，君子的光耀，诚信可获得吉祥。

【上九】诚心安于饮酒，没有灾祸；就像小狐狸渡河濡湿了头，诚心用错了地方。

【大象】火在水上，未济卦；君子要慎辨物类，使各居其方。

| 诠释 |

　　这个卦象：上为离，表示火；下为坎，表示水。火在水上，说明火已经点着了，但盛水的锅还没往火上面架，刚开始做饭，说明正是事情"八字还没一撇"的时候。所以，圣人命名此卦为"未济"，就是事还没办成的意思，还处在奋斗的过程中，还在向着成功前进。

　　那么，怎样看待奋斗的过程呢？怎样才能成功呢？圣人讲了以下几点。

　　一、由于自身原因造成的问题应当努力避免，如很多人下棋输了，不是因为对手水平高，而是因为自己走错了。所以，敬业、谨慎、勤奋是必需的。

　　二、**把外部困难看成对自己的磨炼，要相信"艰则无咎"**，并积极看待各种外部压力。上天给你的担子越重，说明对你的期许就越高，即孟子说的"天将降大任于斯人也"。

　　三、祸福相依。有些事情你费了半天劲没有做成，恰好成全你有机会完成更重要的事。比如，你追求一个女孩子没成功，转天就发现一个"女神"，或者"丑小鸭"向你走来，若干年后发现与你相守的那个人才是你生命里的宝，你会庆幸追求那个女孩子没有成功。生命只有一次，你上了这趟班车，就上不了那趟班车。有心栽花花不活，无心插柳柳成荫。之所以花不活，因为花并不适合你，只是当时你不知道。

　　四、人生得意须尽欢。有人算过一笔账，除去睡觉的时间、年少无知的时间、年老生病的时间，以及做各种琐事的时间，真正用于工作的时间并不多，特别是能真正按自己的想法发挥自己能力的时间就更少。要抓紧这短暂的时间做让自己满意的事情。

　　五、正大光明做好人。岂能尽如人意，但求无愧于心。

六、要跳出自我，以超越的眼光审视自己的努力和人生。执着一生是否恰恰是执迷一生呢？

圣人以"未济"结束六十四卦，就像孙中山先生说的革命尚未成功，同志仍需努力！圣人希望这六十四卦能帮助人们"辨物居方"，即能够审慎地分析自己内在的和外在的各种因素、优势、困难，并做好定位，选准方向，然后重新上路。

九翼辑要

经赞
——《易经》是本怎样的书

今天看到的《易经》大致由两部分内容组成：一是经；二是传。**经就是六十四卦**，包括卦象符号和对应的卦爻辞。除了经，其他的内容就是传，**传是对经的解读**，包括《彖》《大象》《小象》《文言上》《文言下》《系辞上》《系辞下》《序卦》《说卦》《杂卦》十个篇目，被称为"十翼"。

经是深奥、神秘的，传是深刻、高明的。《易经》之所以伟大，经与传是缺一不可的。但归根到底，《易经》的魅力在于经。这十篇传里，有大量关于"圣人"和"易"的赞辞解读，都是就"经"所发。可以借鉴这些内容来认识《易经》到底是本怎样的书。

《易经》是怎样写成的

> 古者包牺氏之王天下也，仰则观象于天，俯则观法于地，观鸟兽之文，与地之宜，近取诸身，远取诸物，于是始作八卦，以通神明之德，以类万物之情。——《系辞下》

"包牺氏"就是伏羲，中华民族的始祖。他观察天地自然的现象，并结合自身工作生活中遇到的问题进行归纳提炼，创造出了八卦，以此来分析人类面临的各种问题。

伏羲创造出八卦，可以说完成了《易经》创作的大半部分工作，八卦之于《易经》相当于数学中的公理，是不证自明的，是构建整个体系的基础。八卦的符号、名称、意义在《序2》中已介绍过了。

八卦与"五行"的金、木、水、火、土一样，表示一定的形象和特质，而非实指。

笔者曾问一个老中医：在中医临床实践中用得到五行吗？他说用不到，就像练书法的人，初学时要描红、临摹，真正创作书法作品时，则用不到临摹的帖子了。"五行对五脏"的理论，便于把五脏之间的抽象关系形象化，所以初学离不了。

八卦的符号都是三道横杠，"三"在中国文化中蕴含深刻意义，老子说，三生万物。八卦中的三道横杠，后人认为分别代表了天、人、地。横杠有中间断开的，表示阴，称为阴爻；连着的表示阳，称为阳爻。

"阴阳八卦"在伏羲手中完成。然后，八卦怎么变成六十四卦的呢？司马迁认为"西伯拘，而演《周易》"。西伯就是周文王，当年周文王是商纣王手下的诸侯，被纣王关进牢里，于是难得清闲，在牢里做研究，结合对生命与社会的思考，把八卦推演成现在看到的六十四卦。周文王的推演形式上并不复杂，只是把八卦的八个符号分别上下重叠起来，得出了六十四个由六道横杠组成的符号，然后，结合重叠的两个八卦符号的意义和阴阳变化的思路，给六十四卦赋予了不同的意义。六十四卦既是一个序列，又是平行的，意义不断被拓展，到后来，每一卦都是一个人生，每一字都是一个宇宙。

两点确定一条直线，伏羲八卦和周文王六十四卦就是这样两个点，他们框定了《易经》无限拓展的路径和方向。

至此，经的部分就完成了，时间大致在商周之际，也就是大约3000年前。单就成书时间这一点，后人的考证是没有问题的。

再然后，那些传是谁写的呢？司马迁记载"孔子晚而喜《易》，序《彖》《系》《说卦》《文言》"。他认为是孔子阐发了《易经》的精义，写出了那些传。

有个著名的说法"易历三圣"，就是认为《易经》的创作，历经伏羲、周文王、孔子三代圣人的努力，最终完成。不过，也有人认为，这"三圣"指周文王、周公、孔子。朱熹就认为周公是《象传》的作者。

孔子是最推崇周公的，他讲自己经常梦见周公。笔者倒真心希望周公是《象传》的作者，只有这样伟大的人物才能讲出《象传》里"天行健，君子以自强不息""地势坤，君子以厚德载物"这样伟大的话来。

然而，清代以来，学界大兴疑古之风，对于"易历三圣"是不以为然的，认为所谓"三圣"之说，就像《黄帝内经》一样，作者之所以假托黄帝之名，只是因为黄帝的名头大，这样显得更权威，更易让人信服。

不过，即便《易经》的作者不是上述这些人，从《易经》经传的思想、文字的品质水平和在中国文化中的源头意义来讲，它的作者们是无愧于"圣人"之称的。

所以，笔者在本书里提到《易经》的作者时，也多是笼统地称为"圣人"。笔者认为，"圣人"之于儒家文化，在日常生活中应当被重新广泛地提起，这对于中国现代文明的发展意义是深远的。

《易经》的思路及框架

易与天地准，故能弥纶天地之道。——《系辞上》

远古时代的圣人是怎样想出阴阳符号的呢？是先有阴阳思想再设计出符号来表意？还是先有符号再琢磨出的阴阳思想？阴阳符号为何是这样的，而不是别的样子呢？这些问题关系到人类文明的起源，只能猜想，难以实证。

不过，到了商周时期，中华文明已经相当发达，圣人具备了成熟的阴阳辩证思想，把八卦发展成六十四卦已经不足为奇了。

那么，圣人为什么要设计阴阳、八卦的符号，为什么要推演六十四卦，并且加上文字说明写成一本书呢？

就是为了总结前人的经验，让后人有所参照，从而更好地生存与发展。

天地之大德曰生。——《系辞下》

意思是天地宇宙的大恩大德在于生养万物，生存与发展是宇宙万物的意义所在。

怎样才能更好地生存和发展呢？这是人类永恒的问题，是一个异常庞杂的问题，可以分解出无数的子问题。

如以下问题。

宇宙是怎么回事？

为什么会有四季变化？

怎么赚钱？

怎么过好日子？

怎么活得更精彩？

怎么把事情做得更稳妥？

从古至今的人们琢磨的不外乎此。圣人要回答这些问题，却没有文字书籍可参照，怎么办呢？只能从以下三方面观察与归纳。

一是自然现象。

二是社会现象。

三是身心现象。

用五千年的时间去归纳一些基本规律，这是古代文明与现代科学较量的底气。圣人的观察与归纳是卓有成效的，并且体现了三个特点：简单、全面、系统。

> 易简而天下之理得矣。——《系辞上》

圣人没有计算机，也没有硬盘，不可能像今天的人类那样对海量的数据进行详细的分析处理。只好进行"简易化"，以简驭繁，用相对简单的形式与文字去描述和分析繁复庞杂的问题，这是没有办法的办法。这种处理问题的方式最终上升为中国人重要的思维方式，融入中国哲学、戏剧、诗歌、绘画，以及社会生活的各种领域中。

> 一阴一阳之谓道。——《系辞上》

"简易化"到最后常常只剩下"一阴一阳"。世上有多少人？男人和女人。宇宙间有多少事？好事和坏事。一辈子要活多少天？白天和黑天。所有这些都可以统称为一阴和一阳。

于是，圣人用树枝在地上画了一道，一画开天地。这一画就成了后来中国文字"一"，也可能是阿拉伯数字"1"，还可能是罗马字符的"Ⅰ"，总之，东西方人类之文明，都是从这一画开始的。

所以，以这一画"——"表示阳，是天经地义的。那么怎样表示阴呢？圣人在刚才画到地上的那一画中间抿上一脚，那一画就断成了"— —"，这就是阴。当然，这只是笔者的猜测。另外一种著名的猜测认为圣人参照了男女生殖器官的外形，创造出了"——"和"— —"。

然而，阴阳是不断变化的，是运动的，是形态万千的，仅靠一阴一阳这两个符号不足以把圣人的经验表达清楚。

于是，圣人对阴阳符号进行了排列组合，形成了更丰富的符号系统，以承载他的经验思想。从阴阳（2）、八卦（8）、六十四卦（64）可以很容易地发现里面的数学规律：2的3次方等于8，2的6次方等于64。那么，按此规律演算下去，2的N次方呢？它将可能超越所有已有的经验，以无穷的"象"，穷极宇宙中所有的问题。

其实现代的科学乃至经济学都是建立在类似的数学规律上的。数学是更加本质的，更加贴近自然规则的。

圣人创造的这套符号系统与数学是异曲同工的。

内容与形式常常互相影响，符号系统与思想体系之间必然也会互相生发。圣人一方面用这套符号系统来表达他所总结的经验；另一方面，这套符号系统也必然激发和提升了圣人的思想，最终形成了"书不尽言，言不尽意"、言有尽而意无穷、具有无限"包孕性（内容丰富）"和延展性的《易经》这部奇书。

《易经》的核心思想

> 易之为书也不可远，为道也屡迁。变动不居，周流六虚，
> 上下无常，刚柔相易，不可为典要，唯变所适。
>
> ——《系辞下》

如前所述，圣人在《易经》中总结了他们对于自然现象、人生经历、人性本能的经验，并对人类面临的各种问题给出大致的分析。所有这些经验的核心在于"易"字。所以才叫"易经"。

古代学者认为"易"字有三层含义：**变易、不易、简易。**

简易，前面已经讲过，毋庸赘述。

不易，指基本规律千秋不易、亘古不变。

而真正亘古不变的，恰恰是改变本身。所以，《易经》的核心是讲变易、变化，更准确地说是讲天地自然和人生世事变化的规律。

圣人在讲变化规律的过程中强调了以下几点。

一、变化的基本形态是阴阳转化。

> 一阴一阳之谓道。——《系辞上》

你的心情有什么变化？昨天心情不好，今天心情好了。不好就是阴，好就是阳。可能你感觉没什么变化，那只能是变化的程度小，不易察觉而已。变化就是从A到B，A与B就是一阴和一阳。

那么，心情不好又怎样变好的呢？说明在心情不好时，一定有一些让心情转好的力量，也就是阴中有阳，阳中有阴。

所有的事物都在阴阳之间转化。

二、变化的结果是发展。

　　生生之谓易。——《系辞上》

　　拿人类来讲，几千年来战争无数，大量的人口被一次次毁灭；还有各种灾难让人类面临无数次生存的险境；人类世界在生存发展、停滞倒退之间无数次变换，但最终的结果是生生不息，而且生存得更好了，发展得更先进了。

　　大到宇宙，宇宙中交织着无数的力量，充满着不规律的、混沌的变数，但最终是宇宙在膨胀，在发展。

　　小到个人的人生，可能要经历很多次危机和困难，也可能很多次从人生的高峰摔到谷底，但最终生命在这些变化中获得提升。所以，一切变化最终的结果是发展。

三、把握变化规律的两个关键。

　　夫易，圣人之所以极深而研几也。——《系辞上》

　　学习和掌握变化规律，是为了改善自己的处境，能更好地处理各种实务。这里的关键在于"极深"和"研几"。

　　极深，就是深入进去探求本质，因为"纸上得来终觉浅"。《易经》是言有尽而意无穷的，它的价值常常在文字之外的"意"上，体会这个"意"，必须结合丰富的社会实践，了解大量的历史实例，才可能对变化的规律有较客观的认知。

　　研几，就是及时察觉事情苗头，推测可能的结果，以及时采取应对措施，趋利避害。在河堤上看到一个蚂蚁窝，就能想到还会有很多蚂蚁窝，还可能有很多老鼠窝、兔子窝，这些洞穴可能对堤坝安全构成威胁，于是抓紧查找解决。

四、对于变化规律的基本态度应是敬畏。

> 惧以终始，其要无咎，此之谓《易》之道也。
>
> ——《系辞下》

《易经》六十四卦中都包含了或多或少的忧患思想。顺风顺水之间想着别乐极生悲；倒霉时想着"福无双至，祸不单行"，千万别有更倒霉的事轮到自己头上。进亦忧，退亦忧。《诗经》说"战战兢兢，如临深渊，如履薄冰"。

圣人何以这么小心？他怕什么呢？应当有两方面：一是对自然与命运的敬畏；二是高度的责任心，对自己负责，对事业负责，对人民负责。

《易经》的应用意义

> 形而上者谓之道，形而下者谓之器，化而裁之谓之变，推而行之谓之通，举而错之天下之民谓之事业。——《系辞上》

道是中国哲学的最高法则，用西方哲学的术语讲就是"第一哲学"，该术语翻译为汉语时通常为"形而上学"。道超越于一切有形物质，并且统驭一切有形物质，就像人的精神和思想统驭着肉体一样。有形物质就是器。精神引导身体发生运动变化，这种变化要经历无数调整才能稳定在一种比较有效的模式下。

同样道作用于器时会发生运动变化，变化会逐步呈现出规律性。这种规律性推而广之，会进一步形成更大的规模与效应。这种效应最终将推动人类社会的生存与发展。这就是圣人希望《易经》具备的应用意义，他希望构建一个以变化为核心的哲学体系来指导人类社会的发展。

观乎天文，以察时变。观乎人文，以化成天下。

——《贲·象传》

把握变化，"化成天下"——创造美好新世界就是圣人追求的应用效果。

仁者见之谓之仁，知者见之谓之知，百姓日用而不知。

——《系辞上》

如前所述，《易经》一旦成书，它呈现出的推演模式，使它可以超越所有既有的经验，也包括它的作者的经验。就像好莱坞大片里经常有的情节：科学家发明一种机器人，最终机器人的智力与能力将远远超过发明它的人类，变得难以控制，甚至人类会被它控制。

总之，《易经》在后人眼中类似天书，具有各种各样的可能性，它的文字是死的，每个人看到的都没有两样，但引发的思考是千差万别的，所谓仁者见仁，智者见智。

以言者尚其辞，以动者尚其变，以制器者尚其象，以卜筮者尚其占。——《系辞下》

文学家在里面看到类似《诗经》的唯美，奋斗者在里面看到成功的秘诀，创造者在里面看到发明的巧思。

作为中国文化源头的书，后来的圣贤，凡著书立说时，不可能不研究它。于是老子在里面看到了《道德经》，孔子在里面看到了《论语》，因此儒、道及诸子百家的思想体系得以建立，中华文明得以拓展开来。

那么，笔者在里面看到什么呢？看到的是"《周易》里的大象"——这也是本书最初的书名。

英国人有句谚语：房间里的大象。是指生活中存在着一些显而易见，却被人熟视无睹、有意或无意间忽视的现象。

而《易经》中恰好有一篇《大象传》，它的第一句是"天行健，君子以自强不息"，第二句是"地势坤，君子以厚德载物"。这些语言脍炙人口，已深深融入中华民族的血液，但在现代人对《易经》的阅读和认知中，它们却在一定程度上被忽视了。甚至在古代研究《周易》时，对《大象传》也不够重视。

在笔者看来，《大象传》在"十翼"中是境界最高的，是真正高屋建瓴的，理应作为解读六十四卦的切入点。而且《大象传》明确表述的人生道理和修身励志思想正是"《周易》里的大象"，即《易经》的主要精神。以这种认知去理解六十四卦是一通百通的。

所以，在笔者眼里，《易经》是数一数二的励志书。

这样说不是哗众取宠。事实上，《易经》作为儒家的经典，两千多年来主流的儒家学者主要关注于它的"义理"，也就是其中修己治人、修齐治平的道理。笔者曾说过中国式励志的根本在儒家，笔者的认知只是承接了他们的余绪。

不过，不可否认的是，《易经》的价值在义理，而《易经》的魅力在于其开放性、包容性和在占筮方面的神秘性。

居则观其象而玩其辞，动则观其变而玩其占。

——《系辞上》

在《国语》《左传》等早期的史书中，记载了大量用《易经》卜筮吉凶的案例，所以，谁也不能否认它本来就是一本关于占筮的书。儒家是敬鬼神而远之的，但对《易经》的占筮用途并不排斥。《史记》中记载孔子晚年痴迷于《易经》研究，以至于"韦编三绝"。《论语》中也记载**孔子自己说"加我数年，五十以学《易》，可以无大过矣"**。

所以，后人认为《易经》的传辞都出自孔子之手。而且有新出土的史料证明，孔子自己也占卜的（马王堆帛书《易传》记："子曰：吾百占而七十当。"）。宋代大儒朱熹也把《易经》作为一本占筮书来注解。在民间，两千多年来，以《易经》为依据基础的占卜都是个职业，对这方面的研究就更多了。

但是人类真能凭借一本书预测未来吗？如果能，在面对地震等巨大灾害时那些人岂不早就可以逃跑？**孔子说"多闻阙疑，慎言其余，则寡尤"**。对于《易经》的占卜，可以抱着一种包容的精神，再加一点玩的态度。

在笔者看来，这主要是一个心理学问题。而且，在解卦时如何把对方说服是需要调动各种见识的。总之，玩一玩，挺有意思。所以，笔者也下了挺大的功夫把早期史书里的预测案例整理出来，供大家参考，在书的最后介绍了最简易的预测方法，仅供读者娱乐。

《易》无思也，无为也，寂然不动，感而遂通天下之故。

——《系辞上》

《易经》像一盘围棋，只有黑白两种棋子，纵横各19条直线组成棋盘。笔者相信，发明围棋的人肯定也是个高手，但应当不是最高的，因为凡技艺，没有最好，只有更好。而且可以肯定的是发明围棋的人，一定不能穷尽围棋的变局。在远古时代圣人创造了《易经》，然后研究者无数，各从不同的角度进行研究，很多还写成了书。在笔者看来，这些研究只相当于围棋的某一局。

围棋的魅力不在于棋子和棋盘，而在于对弈者之间的思维和操运。同样，《易经》的魅力不在于这些卦象符号和文字，而在于它给了人们一个简单的又有无限延展性的框架，当思维一旦进入这个框架，就会受其左右，不由自主地顺着这个框架进入一个无限探索的通道。就像中国的诗、书、画，追求终生，也不能穷尽，所以它能一直吊着你的胃口，让你永远对它有新鲜感，有兴趣，一直到死也不会觉得乏味、厌倦。

简单来讲，《易经》的意义不在于它告诉了人们什么，而在于它让人们思考了什么。

世界观

——天地之道

《易经》承载了中华文化的重要思想：天人合一。

其中，"合一"一方面是指天与人之间的道理是相通的、一致的，所以有天有不测风云，人有旦夕祸福，月有阴晴圆缺，人有悲欢离合等诗词。另一方面是指天与人之间相互感应，人类遭遇的问题，上天都会对应地呈现出某些警示，包括各种星相、自然现象、自然灾害和其他难以解释的现象，所以会有天怒而人怨，六月雪而窦娥冤等典故。**灾异常常是古代执政者自我反省的一种契机。**

这种认知未必科学，但合乎情理。

凡合乎情理的，必有一些科学性，只是还未研究透彻。

基于"天人合一"思想，中国人自古就把地球和宇宙看作一个生命体了，这正是如今人类在面临环保问题时达成的共识。

天道与人道，都是一个道。通过总结天地之道，可以更深刻地认知该如何做人和做事。

那么，圣人在《易经》中强调了哪些重要的天地之道呢？如前所述，"易"是整本书的核心，也是天地之道的核心，围绕这个核心，天地之道还包括一些重要的规律，即时、生、交、对、复、恒、同等。

天下随时

> 天下随时。——《象传·随》
>
> 损益盈虚，与时偕行。——《象传·损》
>
> 日中则昃，月盈则食，天地盈虚，与时消息，而况于
> 人乎！
>
> ——《象传·丰》

圣人观察天地之间的变化时，最先感受到的应当就是昼夜和四季，然后从中抽象出一个概念：时间。

爱因斯坦说，时间其实是人类认知的一个错觉。

人们在变化中感受到时间，然后产生这样的认知：时间引领、推动着变化。也就是圣人所说的"天下随时"。所有的变化和运动都是在时间的轴线上展开。如果时间为零呢？就像科幻片里的超级英雄大喝一声"时间停止吧！"然后，所有东西就静止不动了一样，宇宙就静止了。

一颗种子，随着时间的推移，会发芽，吐枝，拔节，开花，结果，然后枯萎。

一只在地上爬的虫子，随着时间的推移，会变成一只在天上飞的蝴蝶，然后可能会成为一个静止的标本。

一个女婴，随着时间的推移，会经历女大十八变——少女，青年女子，孕妇，妈妈，中年妇女，老年妇女，最后去世。

一艘船，随着时间的推移，会从一个码头航行到另一个码头；还可能经历几位船长，甚至被改装，最后被当成废铁拆掉。

一个企业，随着时间的推移，会逐渐发展、壮大或转型，最后呈现出完全不同于起初的状态。

西方哲学说，一个人不可能两次踏进同一条河流。因为时间使一切事物变得不再等同于以前的事物。

有人坐船过河时，不慎把剑掉到河里，这人便在掉剑时的船舷位置做个记号，然后等到船靠岸时，从那个记号处下去打捞。《吕氏春秋》中这个著名的"刻舟求剑"的寓言，读的时候只觉得可笑，可谁没有犯过或犯着这样的错误呢？

今天的朋友只代表今天的交情，明天可能反目成仇；古人的成功经验，不一定适用于现代，照搬可能会出错；今天是君子，明天可能就是小人了，世间变得最快的就是人心；有很多的悲痛在经过一段时间后都变成欢笑时掠过心头的忧伤。所以古人留下了"去年今日此门中，人面桃花相映红。人面不知何处去，桃花依旧笑春风""时过境迁，物是人非"等诗词佳句。

总之，就像孟子说的彼一时也，此一时也，即要与时俱进。

传统文化及儒家要与时俱进。现在提倡儒学、读经运动、推广汉服等，但新的儒家必须适应现代化社会才站得住脚。

企业也要与时俱进，要不断调整，始终踏中时代的节拍。海尔张瑞敏有句名言：没有成功的企业，只有时代的企业。

婚姻也是如此。结婚的女人常烦恼：他怎么没有结婚时对我好了，什么活都干，现在却变得这样不堪呢？其实，恋爱有恋爱的快乐，婚姻有婚姻的幸福，相处的方法也要随时间做调整。

古语说时也，运也，命也和天时，地利，人和。中国人理解的成败要素中，时是排在第一位的，它看不见摸不着，最难把握，与天道最近似。

天地之大德曰生

> 天地养万物，圣人养贤以及万民。——《象传·颐》
>
> 天施地生，其益无方。——《象传·益》
>
> 生生之谓易。——《系辞上》
>
> 《易》有太极，是生两仪，两仪生四象，四象生八卦，八卦定吉凶，吉凶生大业。——《系辞上》
>
> 天地之大德曰生。——《系辞下》

在讨论所有问题时都有一个前提，就是生存。

法国国王路易十五讲过一句遗臭万年的话：我死后，哪管洪水滔天。虽然听起来别扭，但是真理。

如果人类不能生存，灭绝了，那么科学、智慧都没有意义了。意义在于生存。

很多人困惑：人为什么活着？生命的意义是什么？

其实，意义就在活着本身。活好每一天，还有什么比这更有意义呢？

圣人说宇宙发源于一个原点，这个原点就是"太极"，太极生发出了阴阳两仪，两仪生发出四象。四象表示四方、四季等，其实就是阴阳两仪的二次方，然后三次方就成了"八卦"，以此不断生发，生成了宇宙万象、万物。

这个宇宙生成的思想，道家改进为"天下万物生于有，有生于无"。"道生一，一生二，二生三，三生万物。"

宋代儒家进一步改进为无极生太极，太极生阴阳，阴阳生五行，进而生成万物。

不论如何表述，基本点是不变的：宇宙在不断地生发。事实上，现代科学也证明，宇宙在不断地膨胀。

生发，就是生存与发展，这是一个衡量好坏、善恶的原始标准。凡是有利于生存与发展的思想、做法，终将得到发扬；凡是违背这一点的，不利于生存与发展的思想、做法，终将死路一条。

顺应此大势，**则每个个体的生命价值在于创造、创新**，在于帮助尽量多的人改善生存的处境并获得发展。

顺应此大势，作为一个最普通的人，尽力培养子女、赡养老人、行善助人，就是生命价值的实现方式。

也许你要问：既然生存与发展是天道，为何还有那么多物种灭绝，那么多人在各种灾难中死掉？那只能说在更高的层面上，所有的死，都是为了更好地生，就像经历苦难可以让人更加强大。

食色，性也。吃、性以及人类所有的本能都是为了确保生存，而人的力量之源也正是在于求生存。

无交不兴

> 天地交而万物通也，上下交而其志同也。——《象传·泰》
>
> 天地相遇，品物咸章也。——《象传·姤》
>
> 天地不交而万物不兴。——《象传·归妹》

上篇讲"生"的问题，但没讲怎么生。怎么生呢？一个女人自己能生孩子吗？当然不能，女人要想生孩子，必须得精子与卵子结合成受精卵才能发育成胎儿。

用市场上买的鸡蛋能孵化出小鸡吗？一般是不行的，因为下这些鸡蛋的母鸡或许一辈子也没见过公鸡，当然也不会交配过。

植物也一样，开的花也得分雌雄，都得有类似受孕的过程。

当然，也有雌雄同体的问题，还有克隆的问题，咱不是研究生物学的，也许凡事总有例外也未可知，但大体如此。

古人的视界很大，他们关注了在万物生的过程中，天与地的相交。植物扎根于大地，动物在大地上饮食休养，但都离不开阳光雨露，植物还需要进行光合作用。即便水里的鱼类，没有太阳也活不了。**天与地，少了谁也不行，相交相辅，才化生万物。**

总之，无交不生。反过来讲，在"交"上面动脑筋，下力气，就能生，而且兴。这一点在泰卦里讨论过很多了。

化学基本就是以此为理论基础的。几种化学元素放在一起就会发生反应，并生出新元素。

苹果树上嫁接其他树枝就成了新品种，结出来的果会又大又甜。

中学为体，西学为用。把西方的先进思想引进来，与中国的传统文化相结合，就会得到好的发展。

越是不沾边的事物结合在一起，最后的结果越有意思。互联网有个时髦说法——"跨界"，就是讲这回事的。

另外，"交"还可以是交流、交往，它可以改进事物之间的关系。交朋友，跟上司或下属密切交往，跟家人多交心，会让关系得到改进，办事效率就会提高，而且会发现新的机会，心情也会大好。

对立统一

天地睽而其事同也，男女睽而其志通也，万物睽而其事类
也。——《彖传·睽》

立天之道，曰阴与阳；立地之道，曰柔与刚；立人之道，
曰仁与义。——《说卦》

天与地是对立不同的，但它们合力养育万物；男女也是相对的、不
同的，但彼此吸引，心有灵犀；万物不同，甚至有的以彼此为食物，但
共生共存，共同保持着生态的平衡。

天道分阴阳，地道分刚柔，人道分仁义。仁是阴、柔，义是阳、
刚。其实不如说人道分善恶。人都是魔鬼和天使的复合体，都努力保持
着利己与利人的平衡。不论天、地、人，自然界还是人类社会，所有的
一切都由既对立又统一、既矛盾又一致的元素构成。

矛盾、对立统一、辩证法、一分为二、合二为一都是哲学上的重要
概念，是天地之道。而人们面临的所有问题都可以用这个概念去分析，
它是一个强大的工具，会让思想的维度更全面，内心更包容。**所有负面
的东西，都有正面的意义，即所谓的祸福相依。**你可能会问一个极端的
问题：死亡有积极的意义吗？这个问题在分析"天地之大德曰生"时已
经讨论过，在更高的层面上，死亡的意义在于更好地生存。

所有的事物都有存在的意义。曾经"除四害（苍蝇、蚊子、老鼠、
蟑螂）"活动在一时一地进行，可能没坏处，但真要把这几个物种灭绝
了，人类可能就会受到严重影响。据说，美国某科研小组长期在无菌环
境中工作，后来都英年早逝了。

中国古人在军事、建筑、中医、艺术等很多领域都把这个思想工具
用得炉火纯青。

天长地久

> 天地之道，恒久而不已也！——《象传·恒》

即便现代科学也很难判断宇宙开始于何时，更难以判断它结束于何时。宇宙几乎是无始无终的，是永恒的。

大自然中很多事物都体现着永恒的特性。日月星辰、山川湖海，都不是今天有明天没的，都是保持长久的稳定性的。长久的稳定性就是恒久，这是任何事物得以生存与发展的必备条件。比如，孕育胎儿的子宫，必须有稳定的羊水，今天有明天没，就得胎死腹中。

稳定不是静止，而是保持某种状态，比如，保持奋斗的状态、保持研究的状态、保持学习的状态。在固定的时间，做固定的事，每天、每月、每年，这就是稳定。

当然，另一个关键在于长期。在买房时会遇到土地证年限问题，有40年的、50年的和70年的，而多数人都感觉无所谓，因为那时还不知道社会变成什么样呢。而日本人似乎有这方面的经验，有时他们投资一个项目会计划50年以后回收成本，那时，这个人可能已经去世了。

投资雅虎和阿里巴巴的日本人孙正义在19岁时就做了自己50年的人生计划，然后竟然一一实现。关于投资，孙正义说要种一棵苹果树，能指望当年种下去，当年就结苹果吗？肯定不能，它必须生长三四年才会结出苹果。当天干活，当天就能拿钱的，一般都是社会最底层的岗位。

天道循环

　　复，其见天地之心乎。——《象传·复》

　　上篇讲，恒久是天道的一大特点，宇宙和天地自然之间有很多事物生成和存在的时间特别长，近乎永恒。然而，从逻辑上讲，任何事物在时间的轴线上，必然有起点，也有终点。

　　那么，起点和终点之间会无限远吗？还是从逻辑上讲，宇宙的起点必然无限小，否则起点之前那个更小的会是什么？而宇宙又是无限大的，那么它的终点必然也是无限小，否则在边界之外会是什么？其实宇宙就是一个无限小的点，它的内缘就是起点，外缘就是终点。用庄子的话讲就是"至大无外，谓之大一；至小无内，谓之小一"。大一小一都是一。

　　学"南辕北辙"的典故时都知道那个本来要去南方，但一直向北走的人，理论上没有问题，他会绕地球一圈，最后走到那个地方，而且可以回到起点。

　　地球和所有星体的运行几乎都是如此，都是不断地从起点出发，绕一圈又回到起点。

　　可以想象，在一个庞大的、稳定的、有条理的体系里保持无限期的运动最可能的模式就是绕圈式的，就是循环往复。用《易经》的话讲，就是"无往不复"。所有从起点出发的都将回到起点。那么，光线会绕圈吗？时间会弯曲回到起点吗？似乎现代理论物理有这方面的论证。

　　莫言曾从"六道轮回"获得启发，来构思他的一部小说。

　　一个人，赤条条来，又赤条条去。来之前在哪儿呢？去之后在哪儿呢？起点和终点都是零。

物理学上讲力的作用是相互的，你发出多大的力，同时就承受多大的力。同样，你发出的意念、行为、能量，必然也会返回到自己身上，"出乎尔者，反乎尔者也"。所以，善有善报，恶有恶报，天道循环，报应不爽。

一休[1]每次遇到难题，都会静静地坐下来，两只手不断地在头上画圆圈。太极图也是个圆圈。很多问题，画个圆圈可能就会发现答案。

万法归一

> 天下同归而殊途，一致而百虑。——《系辞下》

条条大路通罗马，这个"罗马"，可以是真理，也可以是成功或是某个结果。就像一道几何题，若干种方式都可以证明最后的结果。

而从更高的层面看，这若干不同的路或方式，又是一致的。就像这个世界上的人，有在海边的，有在高原的，有穷的，有富的，什么样的人都有，各自过着不同的生活；但大体上又是一样的，都是从胎儿、婴儿、少年、青年到老年，都有七情六欲，都有喜怒哀乐。

世界上有很多有着悠久传统的宗教，道教、儒教等，基本教义都差不多，都劝人向善，都是教人平静地面对死亡，都对人生与宇宙有积极的思考。

所有的哲学也都是希望解决我从哪里来、到哪里去这类的问题。殊途同归，一致百虑。由此，朱熹提出一个重要的哲学观点，"理一分殊"，他打了个比方，天上只有一个月亮，而地上无数的湖泊、水塘里

1　日本动画片《聪明的一休》中的人物。

却都有月亮的倒影。天道只有一个，却以不同的形式，存在于各种不同的事物里。《庄子》里也有形象的说法，有人问他道在哪儿，他说，道在蝼蚁、在瓦砾，无所不在。

凡事之中，皆有道理：下棋有下棋的道，写字有写字的道，健身有健身的道，开车有开车的道。日本人喜欢用"道"字，如书道、棋道、茶道。这些道理彼此相通，与人生之道也相通，因为它们本来就是一个道，都是天地之道。

回到《易经》六十四卦的解读，流派纷呈，有重象数的，有重义理的，但顶尖高手最终解读的结论应当是一致的。就像同样一个患者，中医有中医的治法，西医有西医的治法，最终都能把病治好。因为，道是统一的。

北宋邵雍与程伊川（程颐）是分别代表易学象数派和义理派的两大宗师，钱穆书中记载：昔邵雍临终，（程）伊川与之永诀，（邵）雍举两手示意（程）伊川，曰："面前路径须令宽，路窄则自无着身处，况能使人行也？"

邵雍的意思是，象数也好，义理也好，都不能固执于门派之见，大家最终是在一条路上。笔者的经验也如此，同样占卜一个卦，以象数解卦与以义理解卦，结论是一致的。

人生观

——为人之道

所有的哲学归根到底都是人学，都要落实在人是怎么回事、人应当如何活着、如何看待问题、如何做事上。所谓"道不远人"，要是讲了半天，却跟人一点边不沾，那肯定不是"道"，也肯定流传不了。

《易经》是中国哲学的元典，是远古圣人的经验总结，包括天道、地道，其落脚点则是人道，是做人。

做人的道理太多了，现在尽是心灵鸡汤之类的文字，在各个媒体上流传的尽是这些内容，道理都讲滥了。那么，《易经》讲得有何不同？在笔者看来，《易经》讲得更有味道，更深刻，更全面。

重温这些道理的意义在于：这些道理是具有永恒价值的，是超越不了的，人们只要认真地践行即可。

笔者择取了以下九个主题，略作展开：宿命、奋斗、行善、谦虚、谨慎、坚忍、有恒、圆融、独立。

宿命是对人生大局的把握

乐天知命，故不忧。——《系辞上》

近段时间笔者读《资治通鉴》最大的感受是中国的历史简直就是一部战争史，年年战争。老百姓一辈子没有不遭战争的罪就能活下来的，大量的人口在战争中死去，史书里甚至经常出现"人相食"的字眼。官员也不好受，伴君如伴虎，在历史上有名气的人物，很多被杀了头，或者到子孙辈时被夷三族等。

苏东坡传世的书信中，很多到结尾处都嘱咐收信人烧毁或不要给别人看。在这种苦难、悲惨的背景下，人活着，一方面靠求生本能；另一方面靠精神信仰来自我安慰、自我激励。所以，越是乱世，宗教越有市场。如道教就是在三国两晋这样的乱世中发展而来的。

即便在太平盛世，每个人照样要面对衰老、疾病、死亡，以及各种生命的困境。人活着就是受罪，这简直成了一个共识。

而所有宗教给人的希望，都在于这四个字：乐天知命。

乐天，就是相信上天会帮助你，相信佛祖会保佑你。

知命，就是知道生命中那些基本原则，比如，生老病死是必然的，悲欢离合是难免的，还有善恶有报，福祸相依，天道酬勤等是存在的。

天地之大德曰生。每个人命运的方向是生存与发展，是积极的，而不是毁灭。有什么理由悲观？

老子说天之道损有余而补不足。命运会以各种形式对你的缺憾给予补偿。那些扛大锹、卖苦力的人干的活又脏又累，但有一身健美的肌肉；有时吃得简单，但的确很香甜；女人不漂亮，但不影响生活质量。

所谓"生死有命，富贵在天"，笑也是一天，愁也是一天，那为什么不笑呢？所以，没理由不做一个乐天派。

十几年前，笔者刚结束学生时代，在小城里摆摊卖书，租了仅容得下一张床的房子住，笔者让朋友给写了一个条幅贴在墙上：现实是残酷的，容不得半点虚荣和浪漫，但要微笑面对。今天看这话仍然适用，也许会一生适用。

奋斗是生命的主旋律

> 天行健，君子以自强不息。——《大象传》

天行健，君子以自强不息。《易经·大象传》的第一句话，定下了这本书的基调，也定下了中国传统文化的基调，还定下了中国人人生哲学的基调，就是奋斗。

笔者在《易经》里选择了以下几句来谈这个话题。

> 君子进德修业，欲及时也。——《文言》

曾国藩教育子弟，最爱用这句话。他说名、利、权、情这些东西都是命运安排，自己不能左右的，自己能把握的无非两样：进德与修业。进德是内在的，就是增长学识、提高修养；修业就是做好当下的工作。在这两件事上多下一点功夫就会有多一些收获，绝对成正比。

而且，"欲及时也"，即要抓紧时间。

时间不等人，岁月不饶人。世间公道唯白发，贵人头上不曾饶。上天给人们的时间都差不多，其实奋斗主要是时间管理和运用的问题，把时间用在有意义的事情上就是奋斗，用在无意义的事情上就是浪费生命。前面讲过"时"是《易经》的大概念，惜时是其中的一大方面。

> 知崇礼卑。崇效天，卑法地。——《系辞上》

这句话用今天的流行语来讲就是：高调做事，低调做人。

人的事业应当轰轰烈烈，治国平天下，造福尽量多的人。要效法天，有崇高的理想、刚健的精神。

人的修养则应当平实谦虚。《道德经》说"上善若水"，主要是推崇水的谦卑，说**"江海所以为百谷之王者，以其善下之"**。大地何尝不是如此？它永远在人们脚下，人们永远也离不开它。

> 富有之谓大业，日新之谓盛德。——《系辞上》
> 崇高莫大乎富贵。——《系辞上》

《易经》里的圣贤与孔子之后的圣贤是不同的。孔子之后的圣贤可以是安贫乐道的，也可以只追求人格境界，也可以独善其身。《易经》里的圣贤则类似西方的"哲人王"，既要有圣贤的思想和德行，又要有权位和财富。只有这样才能聚集人力，改造社会，造福天下苍生。

为权力和财富而奋斗是天经地义的。现实中，绝大多数人终其一生都在这样奋斗，这个过程当然是高尚的。

人生的价值不是体现在结果上的，终其一生，最后的财富达到某个数值。当财富成为遗产对当事人已经没有意义了，对他的意义全部在过程里。

德行也一样，身后的名声固然可贵，但积德行善、进德修业的过程更有意义。孔子说"好学近乎知"，智慧体现在动态的过程里，而不是固定的指标，德行也一样。

总之，不能白活一场，应该拼尽全力奋斗。

行善让人快乐

积善之家，必有余庆；积不善之家，必有余殃。——《文言》

积德行善的人家肯定有好事在后面等着；缺德作恶的人家以后会倒霉遭殃。

《左传》说：**多行不义，必自毙**。坏事做太多，必定会死路一条。

前文讲"天道循环"时已提到孟子的"出乎尔者，反乎尔者也"，即你播下什么种子，就会收获什么果实。你释放出的是善，这个善必然会返还到你身上；你释放出的是恶，这个恶也必然会返还到你身上。

这个道理用科学没办法论证，是古圣先贤阅历人世的经验总结，是用儒家的方式进行总结的。

真的"善有善报，恶有恶报"吗？很多人都怀疑，包括司马迁。他怀疑是因为他自命忠君爱人，但只因为朋友求情就被施以宫刑，重创了身心。

他在《史记·伯夷叔齐列传》中发感慨说：天道是向着好人的吗？如果是，那么伯夷叔齐不是好人吗？他俩都是饿死的。孔子最器重的颜回不是好人吗？他最短命。盗跖是个吃人肉的杀人魔王，却长寿善终。近世以来，无数奸恶之人富贵累世不绝，而那些正人君子遇祸灾者不可胜数。真让人好困惑啊，这就是天道吗？

人们面对贪官、为富不仁的暴发户、横行乡里的恶人也都发着"好人不长命，祸害遗千年"的感慨。

不如姑且相信善恶有报是不错的，然后但行好事，莫问前程。

不过，可以坚信的，而且都有过切身体验的是做善事时会感觉轻松快乐；做恶事时会不安。这是人性使然。就凭这点，为何不乐于行善呢？

谦虚使人进步

劳而不伐，有功而不德，厚之至也。——《系辞上》

圣人说一个人有功劳而不自夸，也不希望别人来感谢自己，这不仅仅是谦虚，而是"厚之至"。《易经》说"厚德载物"，厚道、忠厚、厚诚等词说明厚是中国人认可的品质。

一个小瓶子往里倒上半舀子水就溢出来了；而一个大水缸，往里面倒上几舀子水，连缸底都浸不过来。

用普通的木板架起的桥只能勉强通过行人；而用钢筋水泥架起的桥却可以通过汽车、火车。

相对于瓶子，缸就是"厚"的；相对于木桥，钢筋水泥桥就是"厚"的。厚就像大地，体量大，心量大，能包容，能承担。人唯如此，才能真谦虚。谦虚不是装模作样，而是永远参照一个更大的自我，把自己现在的作为看得很低。

天道下济而光明，地道卑而上行。——《象传·谦》

太阳因为照向大地，人们才知道它的光明。

一个站在高处的人，弯一下腰，俯一下身，就会舒服一点。登山的人都有过这样的感受。

而一个人站在最低处，不论往哪边走，都会越走越高。

谦也者，致恭以存其位者也。——《系辞上》

自然界的法则是优胜劣汰，所以人性皆好胜。每个人活一辈子追求的无非是一种扬眉吐气的感觉。中国人造词的本领绝高，"扬眉吐气"怎一个畅快了得。但是你好胜，别人也好胜，你畅快了，可能会让别人不痛快，他一不痛快就会想办法找你麻烦。谦虚就是将感觉很舒服的机会多留给别人，让别人舒服你也舒服，这样大家就都舒服了。

总之，可以骄傲，但要埋在心底，不要轻易表现出来。

东方不败是怎样炼成的

敬慎不败也。——《小象传·需》

金庸小说中有一位绝顶高手，号称"东方不败"。他是如何练成武功的呢？是因为他得到一本武功秘籍，并按照秘籍做了，就成功了。

小说之所以这样写，因为这是合情理的。人只有克制欲望，才能专注于提高一项本领，才能超越常人。

生活不是武侠，可以不必那么极端，但克己功夫必须努力做，要靠一个"敬"字和一个"慎"字克服自身的各种缺点，战胜人性的弱点，如此才能在人生的大局里保持不败。

敬，就是把你的那个对象当回事。那个对象可以是父母、长辈、领导、客户、同事、朋友等各种各样的人；也可以是工作、生活中各式各样的大事小情；还可以是法律、道德及那些多数人信奉的价值观，还有梦想。将所有这些对象随时随地都当回事，即正规其事，全力以赴。

慎，就是小心谨慎。诸葛亮被人们尊为"智圣"，而史学家则评价他是"诸葛一生唯谨慎"。人的才智常常是在谨慎上体现出来的。

君子敬以直内，义以方外，敬义立而德不孤。——《文言》

君子信仰坚定，在内心敬奉着天道、圣训和那些亘古不易的道德原则，凭良心做事，按信仰做事。

这样的人一开始可能显得迂腐或另类，但最终会交到很多朋友。

言行，君子之枢机；枢机之发，荣辱之主也。言行，君子之所以动天地也，可不慎乎？——《系辞上》

乱之所生也，则言语以为阶。君不密则失臣，臣不密则失身，几事不密则害成。是以君子慎密而不出也。——《系辞上》

关于谨言慎行，古人不厌其烦地讲，可道理越好讲，做起来就越难。怎样做到呢？马云曾按一位高人指点，坚持三天不说话，他感觉那种体验妙极了。你不妨也学着试试吧。管住嘴，闭上嘴。

当然，还有一条很重要：要能保密。那个著名的三个小金人的故事很多人都听过。三个小金人，看上去一模一样，哪个更有价值呢？有位智者把稻草分别从三个小金人的耳朵插进去，一个从另一边耳朵出来，一个从嘴里出来，最后一个插到肚子里不出来了。我们要做最后这个小金人，不然，没有人会信任你。

> 君子安而不忘危，存而不忘亡，治而不忘乱。——《系辞下》

总之，不论你现在的处境多么完美，永远不要太得意，命运无常，一不留神，人生就大不一样了。东方不败最后还不是败给了名不见经传的令狐冲吗？

坚忍者必胜

> 尺蠖之屈，以求信也；龙蛇之蛰，以存身也。——《系辞下》
>
> 君子藏器于身，待时而动。——《系辞下》

尺蠖的运动是一屈一伸的，龙蛇则每年都有一段冬眠蛰伏期。这句话意思很简单：大丈夫得能屈能伸。轮不到你出头时，就要在一边等待。人类所有智慧的总结，就是希望和等待。

等待不好受，在等待的过程中被人轻视、欺负，更不好受。这很正常，你凭什么要比别人强？你只能凭着比别人能忍受更多不能忍受的事情，付出更多的代价。

有个民间故事：天神们要从民间选一个人做玉皇大帝，考察了很多人，最后筛选出一位根正苗红的。此人绰号张百忍，什么事儿都能忍。这天他正结婚，天神扮成和尚去找他，提了让人难以忍受的要求，张百忍怎么样呢？忍了。结果就得道升天了。

尺蠖笔者没见过，但类似的毛毛虫、大豆虫在田野里很常见，它们都是这样一屈一伸地向前爬。两千多年前产生的古代经典，都是农业社会的背景，文字背后都有庄稼、田野，笔者庆幸自己是农村里长大的孩子，因为见过这些东西，所以能对这些经典有切身体会。

不过，现在有互联网可以快速补充那些有盲点的信息。笔者查了一下尺蠖，发现它的一屈一伸的行进方式没什么奇特，倒是它的伪装术超强，它在休息时身体伸直与一段枯枝无异，这个特点圣人没提出来，但肯定也给了他深刻的印象，这何尝不是"屈"的极致？

其实，人的运动特点和尺蠖一样：要想跳得高，必须先有一个下蹲的动作；要想跳得远，就得先退后几步，加一段助跑。

历史上无数英雄豪杰都曾有过忍辱负重、妥协退让、韬光养晦的经历，在他们成功后这些经历则被传为佳话。

有恒乃入德之门

> 一阴一阳之谓道。继之者善也，成之者性也。——《系辞上》
>
> 成性存存，道义之门。——《系辞上》

在天道的支配下，万物都有向善的目标和动力。而接下来这个发展的过程就是把各自不同的天性发挥出来，最终可以止于至善。现在所有的学习、历练其实不是把外物增加到自己身上，而是把原有的天性提炼、升华，就是"成性"。

这不是一劳永逸的，而是要"存存"的，要存之又存，要不断重复、反复，如水滴石穿、绳锯木断，只有不懈地点滴累积，才能熬出样子来。内心之求道也好，外在之事功也罢，这种方式都是不二法门。

笔者练书法近20年，7000多天，每天都拿出一定时间来练，不可谓不用心，但仍然眼高手低，离自己认可的境界，离古代大书家差太远了。中国练书法的人很多，有人练了一辈子。笔者相信没有一个人认为达到了自己认可的境界。怎么办呢？只有"存存"。甚至古人也一样，清初的王铎被认为是中国千年十大书家之一，但他晚年仍天天临帖。

这就是中国人的方式，简而言之就是有恒。凭着这一点，中国人相信移山的愚公会成功，与兔子赛跑的乌龟会胜出。就凭这一点，中国人终将以傲人的姿态屹立于世界民族之林。

方与圆

> 内阳而外阴，内健而外顺，内君子而外小人，君子道长，小人道消也。——《象传·泰》

一个人的内在是阳刚、抗拒的，外在却能示人以柔和、顺从；内在有君子的修养与情操，如一方美玉，外在却表现得很粗犷与俗气，能与三教九流打成一片，就像将粗糙的石头放在沙砾中，不会显得突兀。

这种人格是圣人推崇的。为什么呢？有两方面：一方面，因为人的外圆内方与圣人眼中"天圆地方"的天道相一致；另一方面，圣人深知人性中党同伐异的特点。

> 方以类聚，物以群分，吉凶生矣。——《系辞上》

不论思想观念，还是具体事物，都因其表现出的相同性或不同性而聚集或分离，矛盾就在这个同异分化的过程中产生。

> 凡《易》之情，近而不相得则凶。——《系辞下》

不论空间上还是社会关系上，比较接近的人如果不是情投意合的、彼此包容的，就必然隐藏着危机。如果双方都比较硬，就像将两块钢放在一起，就很难紧密结合，至少一方需要加上橡胶垫等软的物体。

总之，人必须有柔和的一面，有灵活的一面。这不是表里不一，也不是装模作样，而只是内在本质是善良的、是正直的人的伪装，就像是小人堆里的卧底一样。这样讲，其实挺悲哀的，人为什么要这么累呢？或者，把大多数人看成小人是不是心理太阴暗？每个人的处境不同，这些道理是"如人饮水，冷暖自知"的。

> 内阴而外阳，内柔而外刚，内小人而外君子。小人道长，君子道消也。——《象传·否》

当然，有的人正好相反，要么外强中干、色厉内荏，是披着狼皮的羊。内在不正直、无实，只是装样子，这样的人不会长久，会越来越卑鄙渺小。

独立之精神，自由之思想

志在随人，所执下也。——《小象传·咸》

《易经》第十七卦是随卦，讨论追随、模仿、跟进等问题，这些都有积极的意义。但如果一个人的志向止步于此，一辈子只做个模仿者，就"所执下也"，境界必然高不了。

中国文化强调学习，包括日本、韩国等受中国古代文化影响较深的国家对学习都非常重视，所以这些国家中小学生的压力都比较大。因为学习的基础是建立在对以前的知识的继承、模仿上的。

中国书法就是显著的例子。很多学书法的人，就临摹了一辈子前人的字帖，心甘情愿做一名追随者。像齐白石这样的大家也说自己愿意做"青藤门下走狗""书奴"正是指这一点。历代以来，这样的"书奴"照样也能成名成家，但肯定不是一流的。

一流的书家，如王羲之、颜真卿、怀素、苏东坡、黄山谷等，在追随临摹方面都下过苦功夫，如王羲之退笔成冢，池水尽墨的典故，但最终都能摆脱前人的风格束缚，写出自家风貌，自成一家。

齐白石在学习阶段一直在临摹，但他告诫晚辈：学我者死，似我者俗。言下之意是要想超越我，就得跟我不一样。

当下企业界最时髦的理论是"定位"，成功的定位能够在消费者的心中占据一个位置。怎样才能做到呢？做追随者、模仿者是不可能做到的，最好的办法是开创一个新的产品类别。就像新浪先推出了微博，腾讯再怎样跟进也超越不了；而腾讯先推出了微信，阿里巴巴的"来往"就没有机会了。

回到人生层面。《礼记·儒行》篇里讲，一个儒家的信徒必须有

"特立独行"的精神，要敢于超然于世俗之上，不随波逐流，更不同流合污。

《庄子》则更是高扬"独与天地精神相往来"的豪情。

现在很多年轻人都"追星"。追捧的不仅是歌星、影星，还有各种名人，包括当地的富豪等。聚在一起时，对这些人都津津乐道，有人甚至以自己了解某名人的事多为荣。这样的人是没有出息的。不要太关心别人如何成功，要关心自己怎样变得和别人一样成功。

如果大谈孔子、孟子等先贤，如果只是说说而已，同样没出息。孟子言必称尧舜，但他讲，人家尧舜是人，我也是人，凭什么我就不行呢？结果他真就成了尧舜之后的圣贤。曾国藩讲，男儿不能失了倔强之气，要一辈子都有个不服气的劲头，才能成事。

笔者认为每个人都是自己的帝王。三千年来，中国不乏"天子呼来不上船"的人物，正如蛊卦所谓的"不事王侯，高尚其事"。

著名史学家陈寅恪有句名言"独立之精神，自由之思想"，有此胸怀故能傲视王侯。毛泽东在《沁园春·雪》也写道"俱往矣，数风流人物，还看今朝"。

调子太高了就调低一点。凡好读书的人容易掉进一个陷阱，就是让别人的思想在自己的脑袋里"跑马"，容易让别人的思想牵着自己走。其实，即便那个作者是孔子、老子或有如何大的名头，虚心学习固然是好的，但也万不可忘掉自我。生也有涯，而知也无涯，道理是说不尽的，知识是学不完的，守住自我，让自我觉醒绽放就可以了。

现实永远比理论更残酷。今天，人们面临的不仅是"随人"的问题，还要"随物"，即不仅要被人牵着走，还要被物牵着走，如"微博控""苹果控"等各种"控"，这是不是世界将被机器统治的前奏？

方法论一

——领导之道

以《左传》的记载看，《易经》在早期主要是服务于周王室的，姬姓之外的诸侯国的国君都看不到此书。可见《易经》本来就是专门给决策者看的，帮助决策者管理决策，代表着政治权力，是一本决策者的秘籍。

事实也确实如此，历代帝王将相都从《易经》汲取管理思想，很多朝代年号如唐朝的"贞观"，受汉文化影响的日本的年号"明治"都出自《易经》。《曾国藩日记》中也记录了大量阅读该书的笔记。

《易经》中的管理思想是丰富而深刻的，笔者只择取了以下三个主题与大家探讨。

中国领导智慧的总纲、中国管理思想的框架和中国管理思想的抓手。

中国领导智慧的总纲

> 能以众正，可以王矣。——《象传·师》
>
> 刚中正，履帝位而不疚，光明也。——《象传·履》
>
> 文明以健，中正而应。君子正也，唯君子为能通天下之志。——《象传·同人》
>
> 刚健笃实辉光，日新其德，刚上而尚贤，能止健，大正也。——《象传·大畜》
>
> 养正则吉也。——《象传·颐》
>
> 大者正也。正大而天地之情可见矣。——《象传·大壮》
>
> 父父、子子，兄兄、弟弟，夫夫、妇妇，而家道正。正家，而天下定矣。——《象传·家人》
>
> 进以正，可以正邦也。——《象传·渐》

清代皇帝处理政务的乾清宫上面高悬着一块匾额：正大光明。雍正之后，皇位继承者的名字都会事先写在一个小盒子里，藏在这块匾的后面。"正大光明"与皇权是这样紧密地联系在一起。这是为什么呢？因为，皇权代表着最高的领导权，而"正大光明"则是最高的领导智慧。

这个智慧来自《易经》，没有哪本书像《易经》这样反复强调"正"，上述这八句只是其中一部分。

对此，孔子也做过总结：政者，正也。

"正"是中国古代领导智慧的总纲。纲举目张，决策者把这个"正"字做扎实，方方面面的工作都将取得好的效果。抓不住这个"纲"，可能会得意于一时，但早晚会出事。

如何抓住"纲"呢？简单地讲，就以下两方面。

一、内在的，道德上要正，良心更摆正。就像王阳明强调的"致良知"，做任何事，都应当是良知认为是正确的。不论是对竞争对手还是对下属，都要永远保持道德上的优势，让自己始终站在正的一方。以德服人，让人心悦诚服。子帅以正，孰敢不正？

二、外在的，摆正各种关系，使人与物各得其正，即正规化。家里有各种家居用品，电视放在客厅，床放在卧室，马桶放在卫生间，厨具放在厨房，各自在各自应该待的地方，就是正。爸爸是爸爸的样子，干爸爸的活；儿子是儿子的样子，干儿子的活；媳妇是媳妇的样子，干媳妇的活等。这就是正，就会和谐；否则，就会乱。

分开讲，"正"字中"纲"的含义太丰富了。

要正义。领导权的取得要正义。在古代，若你的官是买来的，大家肯定不服气；若你的皇位是抢来的，一般会找一个冠冕堂皇的理由，才能让人们安心。事业要正义，人们跟你干得才理直气壮，才有士气。美国监听公民隐私，这事不正义，斯诺登就揭发出来，跟美国对着干。

要有正气。正气就是大气，就是阳刚之气，就能助人进步。但要注意，应不偏激，不过分。

要正常。《菜根谭》讲："醲肥辛甘非真味，真味只是淡；神奇卓异非至人，至人只是常。"意思是保持一个正常人的平实状态，宁静致远；不哗众取宠，不标新立异，不装腔作势。

要正宗。保持一种纯粹的特点。

要发挥"正能量"。即要乐观积极，与人为善。

要正视问题。保持理智，保持客观性，避免因情绪的干扰让自己犯错。

要公正。即所谓公生明，廉生威。

要正位凝命。全力以赴，全神贯注，坚守使命。

要正心诚意。控制欲望，坚持信仰。

要正风气。

总之，邪不压正，正必胜。

|中国管理思想的框架|

> 天地之大德曰生，圣人之大宝曰位。何以守位？曰仁。何以聚人？曰财。理财、正辞、禁民为非，曰义。——《系辞下》

这段话是中国管理思想的框架，大致意思如下。

生存与发展是天地万物和人类社会的主题，也是每个人心理与行为的原动力。凡是管理必须以此为基础，顺其者昌，越管越顺；逆其者亡，无视人们生存与发展的需要，那样的管理必然失败。

怎样确保获得人们长期的支持呢？说到底就是让人们能生存，或者再好一些，能有所发展。如果跟你做事得天天饿肚子，没有衣服穿，纵使再高尚，也不会有多少人追随。

一个优秀的决策者的"义"是什么呢？怎样做才是适宜的呢？最重要的，要做好以下三件事。

一是**理财**。确保人们的物质需要得到满足，确保人们的生存与发展的基础牢固，让人们生活得踏实。并且要有钱财可奖，有钱财可罚，做到有奖惩，有激励。

二是**正辞**。把文化思想要统一规范起来。确保人们的精神需要得到满足，要让人们在一个普遍认同的文化中找到精神上的归宿，并为之奋斗。至少要有组织文化，能让人们有愿景，让人们活得舒心，充满希望。

三是**禁民为非**。就是要有制度来保障前两项，物质的和精神的都能落实到位，把人们的行为都规范到决策者设定的轨道上来。

中国管理思想的抓手

> 君子得舆，民所载也。——《小象传·剥》

"民"在《易经》中被反复强调，仅《大象传》里就提到容民畜众、安民志、振民育德、保民无疆、观民设教、劳民劝相等。民就是人民，就是人。

以人为本，是中国管理思想的抓手。决策者，管理的是人。所有的思想、工作围绕的都是人，要贴近人，激励人。要是没人，那样的工作肯定不能算管理。具体怎样以人为本，怎样做好人的工作呢？这里选取几个《易经》片段来感受圣人的智慧。

> 以贵下贱，大得民也。——《小象传·屯》

酒桌上讲：要想好，大敬小。决策者地位相对高，这是客观的。决策者要想赢得优秀的人的人心，就必须谦虚，要放下身段，消除压迫感，让对方感受到平等。刘备对诸葛亮用的就是这一招。老子说"江海所以为百谷之王者，以其善下之"。大海之所以成其大，是因为它比所有江河的水位都更低。

> 损上益下，民说无疆。——《象传·益》

只有情感层面的谦虚是不够的，还需要实际的、物质上的实惠。要懂得"惠则足以使人"，要让人得到实惠，要财散人聚，要分利。《资治通鉴》里，凡生死存亡的危急关头，决策者的最后一招都是散尽府库及私藏的财物给将士，以此振士气，以争取加大最后一搏的胜算。

> 说以先民，民忘其劳；说以犯难，民忘其死。
>
> ——《兑·彖传》

决策者要带头。要保持乐观之精神、必胜之信念，身先士卒，率先垂范，以带动士气。古代皇帝有时会御驾亲征，不是因为手下的将领不中用，要的就是这个效应。

> 小人不耻不仁，不畏不义，不见利不劝，不威不惩。小惩而大戒，此小人之福也。——《系辞下》

这里的"小人"是指普通人，不能单靠道德，还要靠利益和奖惩来约束，能收到很明显的效果，如商店搞营销，打出广告说先到的顾客送礼品，第二天可能一早就会有很多人排队。

> 通其变，使民不倦，神而化之，使民宜之。——《系辞下》

这一段直指人性的两大弱点。
一是对一成不变的东西容易厌倦。
二是对陌生的东西容易排斥。
决策者针对第一点，要善于变换花样，让人们保持新鲜感。

针对第二点，要善于把"他山之石"改造为本地化的东西，善于把复杂的提炼成简易的。

关于以人为本，孔子的两句话发人深省："**仁者，爱人**""**仁者，人也**"。

笔者的体会是，以人为本是管理的抓手，而在这之上的精神是爱。你爱大家，大家爱你，爱是管理最高的境界。

方法论二

——做事之道

俗话讲，做事先做人。但现实中有人做人成功，做事却有问题；有人事做得不错，做人却不行。怎么回事呢？在笔者看来，还是层次问题，最高的高手，如曾国藩这样的人物，做人做事是能够统一的。

关于做事之道，六十四卦各有展开，这里从传文中精选要点对前面的卦象解读略作补充。

做事有以下几种路数。

第一，对将要做的事要有大致的把握：从何而起，至何而终。

第二，对要做的事是否适合自己做要有评估。

第三，开始做事，要懂得稳中求进。

第四，**一件事要做大做久，务必要善于简化**。

第五，要耐心积累。

第六，**面对问题，要从自身找原因**。

第七，要适时求变。

求变则意味着，重新开始上述七项的下一个轮回。每项各成一篇，共七篇。

研究规律，抓住机会

夫《易》，圣人之所以极深而研几也。——《系辞上》

追求人生价值的实现需要有自己的事业。这个事业不见得多么赚钱，但必须让你觉得有"奔头"，即当你决定做它时，它还是在起点上，但你会想象未来它不断向你希望的方向发展。

你的想象是基于对规律的认知，想象准不准，基于你对规律的认知深不深。"研几"是由一个点引燃想象的过程，"极深"则是把想象的火引向不断深入的理性思考的过程。前文讲过这两点是学习和把握规律的关键。

为什么大多数年轻人觉得迷惘，不知道自己该做什么，但很多成功者眼里却是遍地黄金，机会多多。不是因为后者拥有了多少资源，而是因为他们有更多经验，更有眼光。

所谓经验，就是知道某件事的大致规律。所谓眼光，就是判断事物发展规律的能力，如新手打牌，对家出个A，你就看到个A；高手打牌，你出个A，他就知道你下一张是什么，就能对整局牌有预估。

那么这些经验，这种眼光，这些对规律的认知从哪儿来呢？当然，自己亲身经历的最直接、最真切，但最费时间。有时候你经历完了，明白了，但也老了，做不了了，再没机会了。

所以，对年轻人来讲，用学习来获取经验，提高对规律的认知和把握是最经济的。怎么学呢？有以下两方面。

一、向前辈学。包括父母、领导、师兄、学长等，你面对的问题，他们都经历过了，要把他们的经验变成你的。还有一些人，并不比你老，但走在了前面。如同样的问题，美国人可能十年前就经历了，只要知道他们是怎样成功的，或是怎样失败的，就比身边的人走在前面了，国内很多成功的商业模式都是用的这招。

二、向书本学。书本里特别是一些历史书中，可以呈现更加宏观的规律性的东西，时间的跨度更大——可以是一个人盖棺定论的一生，也可以是一个时代。从中你可以获得更加深刻而独特的认知，从而超越一般人的眼光。

谁也不能讲自己完全掌握了天地之间的规律，这必然是一个不断认知、实践、思考的过程，而机会就会在这个过程中出现。

圣人是这样评价机会的：

> 几者，动之微，吉之先见者也。君子见几而作，不俟终日。——《系辞下》
>
> 子曰：知几其神乎？——《系辞下》

真正的机会都是极微小的苗头，常人不易觉察，甚至一个人之所以能发现某个机会，常常是因为某种偶然性，就像刻意安排好让你看到它一样。然后怎么办？"见几而作，不俟终日"，马上行动，一点拖延也不要有。

《史记》里多次提到一个说法：**天与不取，必受其咎**。上天给你机会，你却不立即抓住，上天会怪罪你的。

人一辈子只有那么几次机会，命运的力量在这几次机会中呈现得最真切，要心怀感激地抓住它，奔向人生下一站。

当然，"几"不只是机会的问题，它的读音是"几乎"的"几"，意思也是"几乎"，表示一点点。"研几"后来成为中国哲学中重要的问题，反映了中国人对于微观、细节、规律的重视。

量力而行

德薄而位尊，知小而谋大，力小而任重，鲜不及矣！——《系辞下》

这个世界上无数的职业，无数的事业，做什么成功的都有，什么机会都有，好的项目、好的发展创意也有很多，但是未必适合你。当机会或某个计划摆在你面前时，要考虑自己是否有资格、有能力去承负。

德薄而位尊。一个人没有什么功劳，也没有什么声望，却身居高位，这个位子能坐稳当吗？当然不能。《战国策》里有一篇著名的《触龙说赵太后》，秦国攻打赵国，赵国向齐国求救兵，齐国要求必须让赵太后最疼爱的儿子长安君到齐国做人质才出兵，赵太后舍不得，谁劝也不听，最后被老臣触龙说服。

触龙对赵太后讲，疼爱孩子就要为他长远计划，这次做人质的经历将使长安君有功于国家，为他以后的发展奠定坚实的基础。现在很多民营企业面临父子交班的情况时，要让继任者先独当一面，做出漂亮的业绩，在公司里取得声望，才能服众，这是交班的前提条件。

有些单位论资排辈也是基于这样的道理，老资历、老资格相对比较压得住，年纪轻轻的不容易让人信服。

知小而谋大。智商不够，经验不够，知识不够，想法却很大，能不失败吗？这样的故事也很多。比如，《资治通鉴》讲了南北朝时期一个叫王融的人，此人极自负，自称要在30岁以前位列公侯。因为出身名门，也确实有才能，短短几年他就做到了不小的官，只是离他的目标还挺远，于是他鼓动一个王室成员去争夺皇位，如果争夺皇位成功了，他当然就能封侯拜相，结果却失败，他也被杀了，被杀时年仅27岁。

力小而任重。《论语》说"士不可以不弘毅，任重而道远"。一个人既有德，又有才，就一定能成功吗？不一定。还得看你是不是弘毅：弘就是博大，有承载力，担得起；毅就是毅力，有恒心，走得远。说白了就是心理素质、身体素质都要够好，缺哪一样都是难当重任的。

笔者见过好几个老板，本来小企业做得挺好的，却硬要做大做强，大量贷款，最后运转不了了，就失败了。甚至有人为此身体被压垮，并得了重病。诸葛亮其实也是这样，刘关张三兄弟不在后，遇见大事时他自己运作不了，却还要北伐，最后只落得"出师未捷身先死，长使英雄泪满襟"。

庄子说"褚小者不可以怀大，绠短者不可以汲深"。用小食品袋能装下一头牛吗？不能。要装下牛，就得换大袋子。井要是很深，辘轳上就不能用短绳。人心如面，各有不同。人内在形象和能力的差别，与外在的高矮胖瘦是一回事。

你对自己的内在形象要有准确的刻画，然后再决定做什么、不做什么。三百六十行，总有一行适合自己，即便德薄、智小、力小也照样能在这个适合自己的行业中做到一定水准，人生照样会很精彩。

总之，量力而行。

稳中求胜

> 君子安其身而后动，易其心而后语，定其交而后求，君子修此三者，故全也。——《系辞下》

做大事的人，当有谋事先谋败的意识，先不要考虑怎样把这件事做成，而要先考虑哪些问题会使这件事失败。尽力避免那些问题，先立于不败，再去求胜，要谨慎、稳健、周密。圣人举了三个例子。

安其身而后动。将要采取行动时，应当先看清自己是否已经站稳了脚跟，如你想升职，就要先看自己的工作和人品是否被领导与同事们充分认可了，如果没有，却对升职表现得很积极，就离"死"不远了。

你的企业想快速发展，想搞创新，拓展高收益（必然高风险）的业务，就要先了解现有业务是否能做到发展稳定和收益稳定，否则就可能新业务没做好，老业务也搞砸了。

易其心而后语。在给别人建议、忠告时，应当先在心底评估一下与对方的关系，以及对方可能做出的反应。或者至少在开口之前先让自己的心平静下来，而不要在某种情绪下信口开河。

要分清对象，要感受对方的情绪状态，要明白对方的关注点。有的人在讲话之前会习惯性地先咳嗽两声，像是要清清嗓子，其实是用这咳嗽的时间，脑子里快速地思考话要怎么说。

定其交而后求。要去请求别人帮助时，最好先与对方建立一定的交情。在具体工作中，你要求谁去做什么事情，也需要先有明确的"权责契约"，你有权要求他，这也是"定其交"。

简易化是做事的金钥匙

> 乾以易知，坤以简能。易则易知，简则易从。易知则有亲，易从则有功。有亲则可久，有功则可大。可久则贤人之德，可大则贤人之业。易简而天下之理得矣。天下之理得，而成位乎其中矣。——《系辞上》

向人传达想法，讲得越简易，越容易被理解。对方理解了，才会充分调动起情感和意志的力量来支持你，这样的关系才可以长久。

你安排别人做一项工作，这个工作越简易，他就干得越轻松、越有效率，这样的工作就容易快速积累出较大的成果，然后就可以不断做大。

企业家都梦想做成百年老店，做成世界五百强，百年老店是久，五百强是大。久是时间的，大是空间的，可久可大其实是宇宙间所有事物生存与发展的目标。而这个目标，起于简易。

真正懂得这个道理，并充分践行的人，成功就在脚下。

以上是对圣人这段文字的直译。

简易化是做事的金钥匙，上至治国平天下，下至修身齐家，用好这把金钥匙，开什么门都不费劲。世间所有成功都离不开这把金钥匙。打开《易经》这个宝藏，同样离不开这把金钥匙。

关于"易则易知"，下面罗列以下一些事例。

儒、道、佛三大思想影响中国人最深，靠的就是简易化。它们都有浩繁的经典，但在传播过程中都强调了最简易的东西。比如，单这几家的名字就能一字传神，各家的思想主题也可用一两个字来概括：儒家讲仁，道家讲无为，佛家讲空。这样，人们就容易理解接受。后来的思想家们凡有大影响者，都有这个特点，如王阳明就只讲两条：致良知，知行合一。

企业要建立品牌形象，它的广告语必须深入人心。人们有印象的广告语，往往都是极简易的。超过两句七言诗的字数，极少有人能记得住。所以现代营销学有个著名观点：一词占领心智。

关于"简则易从"，这里再说两句。

在操作层面，简易化就是专业化、标准化。好的企业都有简单明快的盈利模式，有清晰的市场划分。企业内部的业务流程、工艺流程划分也非常清晰，类似于流水线，每个岗位负责的就是极其简单的工作内容。每一块都是简易的，组合起来就很复杂庞大。

一个人要想有成就，也需要这种专业化的定位，一辈子做好一件事就非常了不起了。而且，只专注于一件事，通常都可以做得可久可大。

伟大是熬出来的

善不积不足以成名，恶不积不足以灭身。——《系辞下》

凡事要做出成就，必须靠积累。

关于积累，将涉及很多品质，最主要的是小处留心、节俭、勤劳、有恒。

升卦里讲过，积累就是积小以成大。不积跬步无以至千里，不积小流无以成江海，**勿以善小而不为，勿以恶小而为之**等，有很多这方面的名言警句。很多大企业家都是节俭的冠军，钱省一元，就是赚一元，这是纯利润。

勤劳就是别人玩微信、刷微博时，你在工作；别人旅游，你也在工作；别人睡觉，你还在工作；别人工作8小时，你工作12小时。

有恒，就是一生点滴积累，一生节俭，一生别人玩时你工作。评价人生成败的周期是一生，而不是几天、几个月、几年，甚至不是几十年。所以，**有恒就是一生如此**。

关于有恒，笔者写了很多次，这里又想到一点：因为梦想，所以坚持。什么是梦想？梦想就是你经常梦见，经常想起，却一直未能得到的；是一直给你挫败感，你却从未想过放弃的。如果很容易就得到，凭什么还叫梦想？

笔者有一个梦想：让我的书法作品上国展。这个梦想对于很多人来讲，是渺小得近乎可笑的，包括笔者的一些朋友，他们中有一些20出头就做到了这一点。在与他们对比时，挫败感会陡增，然而并不影响笔者喜爱它，就像有的爱情给人的挫败感——痛并快乐着。

另外，还是要强调"专注"。专注于一件事，让自己所有的时间和精力都能在这件事上累积起来，会更有效率。需要注意的是，你专注的这件事要尽量有累积性，它应当是能够因为你投入越来越多的时间，而做得更大或更好，并且足以支撑你这一生。

有一个著名的10 000小时定律：要想在某个领域成为专家，一般要花10 000小时。而人们一般每天能专注于一件事2小时以上就很难得了，所以，最终要用10年以上才能有所成就。

总之，伟大是熬出来的，人生中所有正面的东西莫不如此。

所有问题的根源在自己

> 自我致戎，又谁咎也！——《小象传·解》
> 慢藏诲盗，冶容诲淫。——《系辞上》

钱财不放好，在外面露着，这不就是存心招贼来偷吗？很多时候，倒霉都是自找的，是自作自受，真不能怪别人。所以说，可怜之人必有可恨之处。

类似的话，儒家讲了很多，笔者在书里也写过多次，想不出新东西来了，索性在这里摘抄几段。

《中庸》讲："上不怨天，下不尤人""失诸正鹄，反求诸其身"。

意思是遇到问题、麻烦时，上不能埋怨天，下不能怪罪别人，只能从自身找原因，就像射箭射不中，只能怪自己射术不好，是怪不到靶子的。

《论语》讲："君子求诸己，小人求诸人。"君子怪自己，赖汉怪别人。赖汉跑了媳妇怪邻居，把问题的责任都推到别人身上；君子则只要求自己，并改正错误，提升能力。

《孟子》讲："爱人不亲反其仁，治人不治反其智，礼人不答反其敬。行有不得者，皆反求诸己。其身正而天下归之。"你喜欢他，他却并不亲近你，就要反省自己是不是仁；你治理一群人，却治理不好，就要反省自己是不是智；你对人以礼相待，他却爱搭不理，就要反省自己是不是敬。遇到的所有问题，都返回头来看自己是不是哪里做得不好。

"不怨天，不尤人""行有不得，反求诸己"。这是两千多年来从孔孟到曾国藩这样的中国精英最重要的做事观念。简而言之，就是反己。

人通常都是"乌鸦落在猪身上——只看到别人黑，看不到自己黑"，同时又都江山易改，本性难移。所以，即便问题出在别人身上，也很难去改变他，抱怨运气差也徒劳无益，只能调整自己。

适时求变

> 革而当，其悔乃亡。——《象传·革》
> 易穷则变，变则通，通则久。——《系辞下》

做一个事业，可能机会把握得很好，项目选得也很适合自己，你也挺稳健，方法也对，也能自省和坚持，但仍然会面临问题和困境。因为天下所有的事物都在时间的轴线上不断变化，你还是原来的你，但环境不是原来的环境了，世界不是那个世界了。

曾国藩讲，成大事者，应适时求变。这也正是革卦的精神。曾国藩一生有三变：在他做京官和以前的人生阶段里，完全是儒家修己治人的观念；然后创建湘军，发现儒家的仁义道德不好使，就变成了法家，用严刑峻法来治军；再后来，发现法家的强势把上下级同僚都给得罪了，就开始融入道家思想，讲究妥协退让、办事圆融、持盈保泰等。

中国的精英分子大致都有类似曾国藩这样的蜕变历程。早期创业，要有儒家的奋斗精神和合作意识；中期守业，要有法家的管理手腕；后期则慢慢回归道家比较自我和淡泊的状态。

这种转变有时也是被动而无奈的，比如李开复，得了癌症后，才发现自己以前拼命工作并不是最明智的，应当把更多精力用在健康和家庭上。而单就事业来讲，保持创新，跟上市场的变化而不断做出调整，都是适时求变的表现，是必需的。

作为普通人，都对自己的生活和工作有几分厌倦，同时又对未来有着一丝担忧，所以都渴望改变。但很少有人真正改变，因为人们一直相信坚持既是美德又能把握机会，而改变常有风险。

生活中有很多排队的情况，如果你感觉自己排的这一队比较慢，就换到另一队，然后会发现刚才那一队反而快起来了。如果李开复早早就不玩命工作了，每天陪着家人，最后是不是也会后悔呢？

所以，变还是不变，实在是人生最纠结的问题。很多人在这种纠结中温水煮青蛙，煮掉了一生。但在这大致不变的人生中，中国老百姓从《易经》这段话里截取出"变通"二字去处理一个个具体的问题。

《易经》的主题是变，而且最后的未济卦指出了人们都还在改变的路上，人生轨迹的改变要慎重，但人生格局、人生境界的改变和提升，应当永远作为人生的主题。

玩易

玩转《易经》

> 《易》有圣人之道四焉：以言者尚其辞，以动者尚其变，以制器者尚其象，以卜筮者尚其占。——《系辞下》

《易经》是群经之首，是中国哲学的核心。几千年来，中国文化深受《易经》影响。

《易经》的价值在于四大方面。

"以言者尚其辞"，是说《易经》对人们语言思想的影响；"以动者尚其变"，是说《易经》对人们行为事业的影响；"以制器者尚其象"，是说《易经》对人们具体的生产创造的影响；"以卜筮者尚其占"，是说《易经》对人们抽象的时空观、生命观的影响。

那么，《易经》是怎样在具体实践中产生影响的呢？下面举了两套最具典型意义的案例，即三十六计与六十四卦和周朝人怎样"玩"《周易》。

最后，教读者一个最简易的预测方法。**本书是关注《易经》哲理与精神的书，也应当是一本有趣味的书。**

三十六计与六十四卦

八八六十四卦，六六三十六计。

战争意味着国家兴亡和千百万人的生死祸福，必然是最高级智慧的角逐。阐述战争及军事智慧的兵书都是了不起的，随便学一点，用在工作生活中就会极有威力。历史有多久，战争就打了多久，兵书也有很多。不过，中国人最为熟知的兵书，除了《孙子兵法》，要数《三十六计》。

《三十六计》确实很神奇，它真正被广泛发行还是在20世纪80年代后，30多年就天下皆知了。为什么？因为简单实用。它与《易经》一样，都是归纳出一套简单的范式，针对不同情境和问题，用某个具体的范式套用一下，就可以直接用，非常方便。

今天通行的《三十六计》版本，一般认为是明清时代的高人依据《南齐书·王敬则传》里一句著名的"檀公三十六策，走为上计"发挥编纂而成的。檀公是指南北朝时期的一代名将檀道济，他是一个岳飞式的悲剧人物，被皇帝猜忌杀害，死时他骂皇帝"自毁长城"，这也成了一句名言。

2009年，媒体报道了一套隋代玉简上刻的《三十六计》，由此，专家证明《三十六计》的作者就是檀道济。三十六计每计都援引《易经》思想，而且很多地方引用了原文。那么三十六计与六十四卦，计谋与哲学是怎样完美地融会贯通的呢？这里将简略梳理。不过要注意以下两点。

一、《三十六计》书中的总论和章节标题（胜战计、敌战计、攻战计、混战计、并战计、败战计）都删除了，笔者认为，它们与对应的全文或具体计谋之间并不绝对一致。

二、三十六计每一个计谋的名称多数是对计谋内容的形象概括，有的则是互补或延伸的关系，这里为求简略，存而不论。不过，单把这三十六个计谋的名称拿出来，足以称得上"史上最简短兵书"。

《易经》有无限的包容性，政治家读出来的是政治，艺术家读出来的是艺术，军事家读出来的是兵法，普通人读出来的是人生。对普通人来讲，兵法也是活法。

【第1计】瞒天过海：备周则意怠，常见则不疑。阴在阳之内，不在阳之对。太阳，太阴。

那么大的海，那么大的天，过海怎么可能瞒得了天呢？可是《易经》认为阴阳是相互包容的，阴中必有阳，阳中必有阴。而且，越是阳，就越有阴，太阳中也有黑子。越是认为万无一失的地方，越会大意出问题；越是危险的地方越安全。再进一步讲，阴即是阳，阳即是阴。

【第2计】围魏救赵：共敌不如分敌，敌阳不如敌阴。

敌方兵力集中在一起时，如果要正面去硬碰硬，难度就很大。如果想办法分散敌人的兵力，然后集中优势兵力各个击破，就相对容易了。《易经》认为，有阳必有阴，有优势的方面也必有弱点，避开敌方的阳面，迂回去打敌人的阴面，攻击他最薄弱的环节，胜算会大。

【第3计】借刀杀人：敌已明，友未定，引友杀敌。不自出力，以《损》推演。

损卦爻辞讲，"上九，弗损益之"。人要获取利益往往要承受相应的损失。不过，也有理想的状态是不承受损失就获取了利益。在敌我之间往往有若干摇摆不定的第三方势力。要想办法挑拨第三方与敌方的矛盾，同时拉近其与我方的关系，从而利用他们去攻击敌人，从而让第三方去当炮灰，我方净得利。当然，不要把真正的朋友当作"第三方"，那样最终会损失惨重。

【第4计】以逸待劳：困敌之势，不以战。损刚益柔。

损卦象辞讲，"损刚益柔有时"。月有阴晴圆缺，人有旦夕祸福，万事万物都处在不断的损益盈虚的变化中，在不同的时段都有不同的状态。有时决定战争胜负的关键就是看谁耗得起，看谁能等到敌方状态不佳的时机。如果我方上下一心，后备供给稳定，作为攻城方可以围而不打，等着城里的敌人粮食吃完，然后起内讧；作为守城方可以坚壁清野，等着城外的敌人供应不济，锐气消磨，军心浮动。

【第5计】趁火打劫：敌之害大，就势取利，刚决柔也。

夬卦象辞讲，"刚决柔也"。以强势手段控制弱势一方，这是典型的法家思想，很简单，但很有效。当敌方因为天灾人祸等原因而处于较弱势的状态时，我方可抓住时机，给予雷霆一击，就势取利。

【第6计】声东击西：敌志乱萃，不虞。坤下兑上之象，利其不自主而取之。

"坤下兑上"是萃卦，萃卦是讲很多人、事或其他事物聚集在一起时，特别混乱，容易有意料不到的问题发生。我方应当想办法给敌方传递大量的信息，真真假假、虚虚实实，给敌方制造大量的麻烦，让敌方因四方灭火而疲于应付、晕头转向时，再发起真正的攻击，胜算大。

【第7计】无中生有：诳也，非诳也，实其所诳也。少阴、太阴、太阳。

《易经》认为，阴极转阳，阳极转阴。对此，老子提出一个问题："孰知其极？"阴阳之间究竟何时发生了根本性转化呢？这是最难以把握的。放羊的孩子第一次喊狼来了，人们信以为真；第二次喊狼来了，人们将信将疑；第三次喊狼来了，这回真来了，人们却不信了。我方要主动想办法，取得第三次喊狼来了的效果：我明明告诉你要打你了，你却生要以为这是在骗你。最终在敌方眼里是一个虚无的假象，却变成了真实的打击。

【第8计】暗度陈仓：示之以动，利其静而有主，"益动而巽"。

益卦的卦象：上面是巽，表示风，表示柔顺的行动；下面是震，表示雷，表示强硬的行动。益卦象辞讲，"益动而巽，日进无疆"。上面的柔顺是给人看的，下面的强硬是要背地里下苦功夫，这样的人必将取得巨大的成功。我方高调推进一个战略动向，从而锁定敌方的注意力和主要兵力，同时秘密地全力推进另一个真正的战略意图，最终给敌方意外的打击。

【第9计】隔岸观火：阳乘序乱，阴以待逆。暴戾恣睢，其势自毙。顺以动豫，豫顺以动。

豫卦象辞讲，"顺以动，豫"。顺水行舟轻松惬意，顺风骑车轻快愉悦，顺情说好话开心快乐。顺毛驴就得顺着拉，懒人就不要支使他，馋人要给点好吃的，这样大家都欢喜。反过来，你要是对着干，就很困难。

这一点对于决策者非常重要，你提出一个想法、推行一套政策，必须是顺应民心民意的，这样才容易成功。有时群众不理解，就必须在前期做好充分的宣传、引导、沟通工作，让人们在思想上都能接受。

在军事上，敌方虽然实力尚强，但将帅骄狂，士兵胡作非为，上下离心，马上要出乱子，这时我方要是去攻击它，相当于提醒了他们得收敛、得团结。所以，最好等着他们出大乱，走向毁灭时，我方再冲上去攻打。

【第10计】笑里藏刀：信而安之，阴以图之。备而后动，勿使有变。刚中柔外也。

八卦中坎卦表示水，它的卦象是两阴夹一阳，典型的"刚中柔外"，这也正是水的性格。《左传》里讲，火是猛烈的，人都注意提防，所以被火烧死的人就很少；而水看似柔弱，人们都爱亲近水，最终被水淹死的人就很多。对真正有杀伤力的阴险小人，往往是表面上对人们非常友好，让人们放松了戒备心理的人。因此当有人突然对你很好时，要格外小心。

军事上，对于明确的敌方，当然不能示之以友好，但能示之以软弱，让敌方相信我方是不足为虑的，是不用当回事的，这样一方面敌方的防备松懈；另一方面也给我方留足发动进攻的准备时间。

【第11计】李代桃僵：势必有损，损阴以益阳。

损卦象辞讲，"损而有孚，元吉，无咎，可贞，利有攸往"。很多情况下都需要做减法，有的主动，有的被动，但只要保持可控，减得有章法、有技术含量，就将是有利的。例如，公司裁员及裁撤业务部门，都可能进一步提高整体的效能。

人得了肿瘤，切掉相关的身体组织将利于延长寿命。所有的战争都是希望用牺牲一部分利益来换取另一部分更大的利益。人生也是如此，不断地牺牲一部分利益来换取另一部分更大（或更小）的利益。

【第12计】顺手牵羊：微隙在所必乘，微利在所必得。少阴，少阳。

《易经》认为，阴阳转化起于微小毫末之间。老子讲，"图难于其易，为大于其细"。战争无小事，一点小破绽就可能带来毁灭性的灾难。一个马蹄钉没钉好，经过一连串蝴蝶效应，最终会使一个国家灭亡，这样的故事并不夸张。如果战争是艺术，那么必然是极为精密的艺术。要敏锐地捕捉敌方任何微小的漏洞，要抓住任何打击敌人的机会，因为不知道哪一次会成为决定最终胜利的关键点。

【第13计】打草惊蛇：疑以叩实，察而后动。复者，阴之媒也。

复卦讲，"反复其道，七日来复"。天地万物都在循环往复的运行变化中，对于某个事物，你此刻看到的往往只是它的一面、一种状态，只有看到它较完整的运行周期，看到它所有的面，才能把握它的实际本质。

对于敌方的状态，不要只看表面，要想办法看到它的背面和里面；不要只看它的静态，要激活它，看它的动态。这时的判断才准确，才不会落入敌方的阴谋圈套中。之所以说江湖险恶，就在于你看到的都是一个人的一面而已。

【第14计】借尸还魂：有用者，不可借；不能用者，求借。借不能用者而用之。匪我求童蒙，童蒙求我。

蒙卦讲，"匪我求童蒙，童蒙求我"。对方主动找上门来求教时，你再教他，效果会比较好。你要是上赶着去央求他，让他跟你学，就卖得太贱了，他也不可能学好。

战争中，我方需要整合尽量多的资源为我所用，但是真正有价值的东西不可能借给别人，除非在他手里没有价值了，才恨不得借给别人做个顺水人情。让这些很容易就弄来的看似无价值的资源，巧妙发挥出特有的价值，是最能体现决策者智慧的。庄子讲，"无用之用是为大用"，不论什么东西，应用得法，都可能变废为宝、化腐朽为神奇。

【第15计】调虎离山：待天以困之，用人以诱之，往蹇来返。

蹇卦的卦象下面是艮，表示山；上面是坎，表示水。大山之上还有大河，表示这条路太难走了，走不通了，怎么办呢？"往蹇，来返"，既然前路走不通，索性就返回原来的地方，再慢慢想办法，这是明智之选。有时敌方正是处在这样的情境中，他们坚守城池不动是最有利的。我方就必须给敌方加大围困的压力，让他们感觉不弃城不行了；或者用计策引诱敌方出城。

【第16计】欲擒故纵：逼则反兵，走则减势。紧随勿迫，累其气力，消其斗志，散而后擒，兵不血刃。需，有孚，光。

需卦讲的是等待，"需，有孚，光"，以一种坚定而又从容不迫的态度，最终会迎来光明。敌方败走，但实力尚强，我方乘胜追击时应当紧随其后，既不能把敌人真的放走，也不能逼得太紧。逼得太紧会让敌方觉得反正也跑不了了，不如索性反过头来决一死战。

得让敌方心存侥幸，觉得能够逃脱，敌方就会无心恋战而选择逃跑，这样跑着跑着就会彻底松懈了，再想反击时，也组织不起来了，等到这时，我方再给其以致命打击，就很容易了。这就像猫抓老鼠。这里面有人性的大问题，与想亲近的人保持一种若即若离的关系，早晚他会与你亲近。

【第17计】抛砖引玉：类以诱之，击蒙也。

蒙卦主要是讲教育的，也可以引申为对人思想意识的影响。幼儿园里，小明同学唱了一首儿歌，老师给他一朵小红花，其他小朋友会想，自己也像小明这样唱一首儿歌，就也会得到老师的小红花。所谓管理，很大部分就是这样一个小把戏。

读史书时会发现一个有趣的问题：战争中投降的将领，情况差不多，待遇大不同，有的立即被重用，有的却被杀头。为什么呢？因为前者一般在战争前期比较多，这时还有很多城要去攻打，要是把投降的给杀了，以后面对敌方将领就会誓死不降，并殊死抵抗。战争后期则大局已定，杀掉投降的是给自己人看的——你们以后保我的江山时可不能投降敌人，投降也是死。

【第18计】擒贼擒王：摧其坚，夺其魁，以解其体。龙战于野，其道穷也。

坤卦象辞讲，"龙战于野，其道穷也"。主帅要是亲自上去拼刺刀，那也就到尽头了。中国象棋对于战争的模拟非常形象，开局时，双方兵力相当，车、马、炮、兵、象、仕各自攻防，将帅稳坐中军帐。经过漫长而艰苦的拼杀后，互有伤亡，兵力都所剩无几时，劣势一方的老将再也坐不稳了，被对方频繁地"将军"，最后被"将"死。

不过，真正的高手下棋没这么费事，开局后走几步，就会直捣黄龙，捉住对方的老将，车马炮也就都成了摆设。战争中采取非常手段，先去打掉敌方的指挥部，就像搏击比赛中，打得还难解难分时突然就结束比赛了。另外，全力打掉敌方的精锐王牌军，也将瓦解敌方整个士气。

【第19计】釜底抽薪：不敌其力，而消其势，兑下乾上之象。

"兑下乾上"是履卦，履卦是讲礼的、讲规则的。打不过对方，就跟对方讲礼，讲国际法，讲人权，讲民主，讲道德，讲祖辈的交情。讲到最后，让对方感觉自己理屈，不该打你；或者让整个大舆论批评对方不站在礼上，不站在正义一方，这样一来，他的气势就削弱很多。

【第20计】浑水摸鱼：乘其阴乱，利其弱而无主。随，以向晦入宴息。

随卦讲的是追随。《黄帝四经》中讲治国的道理有一个观点，即"无随伤道"。一个国家、一个组织、一支军队要有被大家共同追随的决策者、思想价值观，要有灵魂。不然就会陷入一盘散沙。很多年前，人们总讲，要警惕西方的"和平演变"。

怎么"和平演变"呢？其实就是输入西方的价值观，让我国对原有的秩序、原有追随的事件，逐渐产生怀疑、反感、抗拒，最后整个社会就迷失，西方就好下手了。具体在战争中，就是要树立"攻心为上，攻城为下"的战略思想，要积极打好心理战。

【第21计】金蝉脱壳：存其形，完其势；友不疑，敌不动。巽而止蛊。

蛊卦象辞讲，"巽而止蛊"。蛊是肚子里的虫子，巽是忍耐，肚子里面已经被咬得乱套了，但"打脱牙和血吞，胳膊要折在袖子里"，外表要撑住，不能让别人看出来。那样别人都还惧怕你，局面还能稳定得住。反之，要是被人看出你内部的危机和虚弱，就可能被趁火打劫。

史书记载了很多皇帝死后，皇室秘不发丧，等到权力交接完，新班子也搭好了，大局稳定了才公开，就是为此。战争中，攻城攻不下来，要撤退时，最怕被敌方发现，然后在你屁股后面追着打，你就可能有大损失，所以要做出一个保持现状的疑阵假象，悄悄地走。

【第22计】关门捉贼：小敌困之。剥，不利有攸往。

剥卦讲的是剥离、失去根基。针对冒进深入我方的小股敌人，要切断他与后方的联系，让他变成无根之草，然后围而歼之。所以，孤军深入常常是行军大忌。

【第23计】远交近攻：形禁势格，利从近取，害以远隔。上火下泽。

"上火下泽"是睽卦，睽卦是分析事物之间对立同异关系的。地缘政治学是解读今天世界范围内和平、发展及争端的显学。争端往往在地缘相近的国家之间发生，而没有国境及海疆交界的国家之间则较少有利害矛盾。在日常工作生活中，人与人之间的竞争和利害关系往往在一个比较近的圈子里，而跳出这个圈子之外寻求到有力的支持会有助于你的发展。

【第24计】假道伐虢：两大之间，敌胁以从，我假以势。困，有言不信。

困卦讲，"困，有言不信"，你在非常弱势的地位时，别人不相信你能兑现承诺，即你的承诺因为难保预期的收益而不确定。作为小国，处在对立的大国之间难以保持中立，必然将有所依附。依附谁呢？不是看哪一方对自己的承诺更美好，而是看哪一方的实力更强大。

谁强就依附谁，对依附一方来讲，被依附的一方可以给他提供机场、基地，同时又可以借其势，壮自己的威风。

【第25计】偷梁换柱：频更其阵，抽其劲旅，待其自败，而后乘之。曳其轮也。

既济卦与未济卦中都提到"曳其轮"，意思类似于轻踩刹车，别让车子开得太猛。敌方进攻我方时，如果阵势简练凶猛，其中精锐部队进攻目标明确，我方的压力就非常大。要想办法从侧翼甚至后方对敌方进行游击骚扰，打乱敌方的进攻部署，牵制敌方的精锐力量，最终把敌方拖住，使其减缓对我方的进攻压力，以实现战略反攻。

【第26计】指桑骂槐：大凌小者，警以诱之。刚中而应，行险而顺。

师卦象辞讲，"刚中而应，行险而顺"。打仗就有风险，但军事拼的是实力，大鱼吃小鱼，强国胜弱国，一般都会很顺利。这个道理谁都明白，所以，当我方实力明显优于敌方时，要实现我方的战略意图往往不用出兵，通过简单的政治外交手段就可以实现。《孙子兵法》讲，"百战百胜，非善之善者也；不战而屈人之兵，善之善者也"，讲的正是这种情况。

【第27计】假痴不癫：宁伪作不知不为，不伪作假知妄为。静不露机，云雷屯也。

屯卦讲事业草创期格外艰难，应当耐心筹划，切不可轻易躁进。就像一棵小草芽，要是水分、土壤、营养、温度等条件没有具备就破土而出，只能被晒死、冻死、干死。所以一动不如一静，宁可让人觉得傻，不能让人觉得疯。等到时机成熟时，再不鸣则已，一鸣惊人，不飞则已，一飞冲天。有人还整理过一套《续三十六计》，其中有个"扮猪吃虎"与此相通。

【第28计】上屋抽梯：假之以便，唆之使前，断其援应，陷之死地。遇毒，位不当也。

噬嗑卦象辞讲，"遇毒，位不当也"。噬嗑的本义是讲咬东西时，本以为是肉，咬到后才知道肉里面是毒药。对鱼来讲，本以为是鱼食，咬下去才知道里面是鱼钩；对贪官来讲，本以为是糖果，咬下去才知道糖衣里面是炮弹。食色，性也。欲望是生的动力，也是生的陷阱。

兵者，诡道也。所有的阴谋诡计都抓住了人性的弱点，让被设计的人成为自己欲望的牺牲品。在战争中，要善于激起敌方的欲望，引蛇出洞，诱敌深入，将其引入设好的局、打好的埋伏圈。

【第29计】树上开花：借局布势，力小势大。鸿渐于陆，其羽可用为仪也。

渐卦讲，"鸿渐于陆，其羽可用为仪"。一只鸟儿栖息在雄奇的高山之巅，就显得有神性，它的羽毛也会变得名贵。同样一块石头，雕成佛像摆在香案之上就被人膜拜；砌成台阶则被人踩在脚下。差在哪儿？差在势。两个资质一样的大学生，一个毕业进了省委大院，另一个进了县委大院，都是普通科员，但势大不同。或者，一个创业十年，做了小老板；另一个在大公司打工做到了高管，然后开始创业。同样地，势也不同。

孟子讲，"虽有智慧，不如乘势"。韩非子则认为，"法、术、势"是决定成败的三要素。势无处不在，只看你会不会用，如山势、风势、水势、权势、阵势、气势、笔势、形势、局势等。实在无势可借，还可以自己造势。

【第30计】反客为主：乘隙插足，扼其主机，渐之进也。

渐卦象辞讲，"渐之进也，女归吉也"。凡事要循序渐进，就像古代女人出嫁，要先有媒妁之言，再定亲，然后举办婚礼，之后相夫教子侍奉公婆，经历若干年后媳妇熬成婆，才算真正成为家庭的主人，就像《红楼梦》里的老祖宗。现实的权谋斗争中，没有这样的温情，但从一个分量不重的外来人，经过渐进渗透，最终把握机会一举成为掌控全局的人是类似的。为什么历代的开国皇帝都喜欢杀功臣？就是因为怕被这样对待。同时，历史上养虎为患、引狼入室的故事也确实不少。

【第31计】美人计：兵强者，攻其将；将智者，伐其情。将弱兵颓，其势自萎。利用御寇，顺相保也。

渐卦很有意思，以逐渐高飞的鸟儿为意象，以婚姻关系的发展为参照来讲述循序渐进的道理。卦中提到婚姻的危机，"夫征不复，妇孕不育，凶；利御寇"，丈夫出门远征，家里的女人却怀孕了，当然是妇道出了问题，不是什么好事，可是这样却有利于抵御坏人更大的伤害。在八国联军侵华战争时，一些守城的官员做了很多不可思议的事情，因为他们相信，这样会使"洋鬼子"的大炮打不响。

高级的形式则是汉代以来的和亲，让公主和匈奴、吐蕃等强敌合亲来换取和平。

【第32计】空城计：虚者虚之，疑中生疑。刚柔之际，奇而复奇。

解卦是讲解决、和解的。象辞讲，"刚柔之际，义无咎也"，以柔应刚，不会出问题，如你和朋友之间，他至刚至阳，你也刚也阳，就难免发生冲突，你实力稍弱就要吃苦头；反之，既然他至刚至阳，你就至柔至阴，他的阳刚就容易被消解，你反能变为主动。还有，有人批评你，你要是反驳就容易受伤；你一概接受反而会让批评你的人不知所措，别人也不会相信他批评你的话。既然阴柔有如此大的功效，说明阴柔的背后必有更大的隐藏的力量。

世上没有绝对完美的人，没有绝对完善的防守，都会有缺点、有破绽。如果当事者足够强大，就根本不用掩饰，尽可以显露出来。因为别人根本不认为那是缺点和破绽，反而认为那才是你的强大之处。

【第33计】反间计：疑中之疑。比之自内，不自失也。

比卦讲的是贴近的道理，象辞讲，"比之自内，不自失也"，内部人之间相互贴近是很容易的，而且一般不会彼此伤害。每个人心目中都把交往的人们分为内部人和外部人，这跟阴阳的概念一样，不是绝对的，一个较大范围内的内部人，在一个较小范围内可能就成了外部人。我方希望贴近敌方的首领以获取情报，最有效的办法是策反一个他身边的内部人，而不是派一个外部人跟他套近乎。

【第34计】苦肉计：人不自害，受害必真。假真真假，间以得行。童蒙之吉，顺以巽也。

蒙卦象辞讲，"童蒙之吉，顺以巽也"。教育天真单纯的儿童是一件美好的事，童心与老师的爱心会轻松自然地互相激发。不像教成年学生，他们带着先入为主的成见和复杂的情绪，师生之间的感觉就差了。正常情况下，一个在敌方受尽迫害的人来投奔我方，则如穷鸟入怀，如丧家犬被新家收容，他会万分感激，我方的怜悯爱心也会泛滥。若利用这种情感情境来进行间谍活动，效果会很好。

【第35计】连环计：将多兵众，不可以敌，使其自累，以杀其势。在师中吉，承天宠也。

师卦象辞讲，"在师中吉，承天宠也"。在军事上将帅得位、战略得当，以至于赢得战争的胜利，这些都有运气在里面，有天命在里面，非人力能完全掌控。敌方将多兵众，实力远大于我方，这种情况下不可以放弃希望，要想尽办法，尝试各种计谋用成系统的战术策略来拉长战争的时间，坚持等到天时，即等整个外部环境出现有利于我方的变化，侥幸可以战胜。

【第36计】走为上：全师避敌。左次无咎，未失常也。

师卦象辞讲，"左次无咎，未失常也"。撤退不等于失败，今天的撤退是为了明天的进攻，就像动画片《喜羊羊与灰太狼》每一集最后灰太狼喊的"我一定会回来的！"一样，然后下一集他果然回来了，还能在羊村大闹一通。退让不等于失败，舍弃不等于失败，甚至逃离也不等于失败，只要你在心里喊一声：我一定会回来的！

周朝人怎样"玩"《周易》

《易经》本名《周易》（为叙述方便，以下内容用本名《周易》），顾名思义，它是周朝人才开始"玩"的，起码是周朝人"玩"得比较靠谱。

周朝人怎样"玩"《周易》呢？最早的史书《国语》和《左传》中都有记载。这里把这些记载都挑选出来，简要解读，希望能帮你了解最正统的《周易》占筮的玩法和解卦的思路，以及当时人们对《周易》哲理的理解。

（一）《国语》部分

先说《国语》里的三四个案例，都是晋国的。《左传》里的案例多数也是晋国的和鲁国的，这都是姬姓周王朝最直系的诸侯国，当时只有他们才有资格看到并学习《周易》。《周易》是"国之利器，不可以示人"。

周武王死后，周公旦辅佐年幼的周成王。周成王跟弟弟叔虞是亲密的小玩伴，有一次，周成王把一片桐树叶剪成玉圭的样子给弟弟叔虞，说要封他为侯。这件事情被周公旦听到了，他就对周成王讲，"天子无戏言"。于是周成王封叔虞为晋侯，从此晋国开始。

晋国一直是比较强大的诸侯国，直到春秋末期，晋国的赵、魏、韩等家族崛起，最终瓜分了晋国。

【案例1】晋献公伐骊戎龟卜：胜而不吉。

案例1不是用《周易》占筮的，是用龟卜。

晋献公要讨伐一个少数民族部落骊戎，按照惯例，要先龟卜吉凶。负责龟卜的人叫史苏（"史"是官职），他告诉晋献公，龟卜的结果是"胜而不吉"。这个仗能打胜，但打胜了并不吉祥，不是好事，所以最好别打。

晋献公不听，结果真打胜了，带着大量战利品还有骊戎进献的美女骊姬凯旋，回来就质问史苏：哪有什么不吉啊？史苏当面不敢明讲，只说：龟卜的结果就是如此，我只是照实描述，没有不吉当然好，不过，有所警戒也没坏处。

之后，史苏私下对朋友指出，这个"不吉"将应验在骊姬这个红颜祸水身上。当年，夏桀伐有施氏，带回来一个美女妹喜，把夏代给亡了；商纣王伐有苏氏，带回来一个美女叫妲己，把商代给亡了；周幽王伐有褒氏，带回来一个美女褒姒，把西周给亡了。

果然，骊姬把晋献公迷得神魂颠倒，用尽心机把自己生的儿子立为太子。结果，老成持重的太子被废掉自杀，另外两个儿子重耳和夷吾也被迫流亡国外，晋献公死后，晋国大乱。

【案例2】晋文公回国即君位：屯之豫卦解。

案例2是用《周易》占筮的。

晋国的动荡延续了很多年，其间重耳一直在国外流亡。重耳得到秦国的帮助后，有望夺回晋国国君的宝座，他亲自用蓍草占筮，预测自己此行是否顺利。占得本卦为屯卦，之卦为豫卦。见下图。

先说明如何用蓍草占筮，即所谓"大衍法"。

蓍草是一种菊科植物，是一种野菊花，古人认为它是有神性的，所以就取蓍草的茎晒干并修整得长短粗细都差不多，用来占筮。后世多数用类似筷子的筹策代替。

具体占筮法，《系辞》中有一段记载，如下。

大衍之数五十，其用四十有九。分而为二以象两，挂一以象三，揲之以四以象四时，归奇于扐以象闰，五岁再闰，故再扐而后挂……四营而成易，十有八变而成卦。——《系辞上》

大意如下。

首先，占筮须用50根蓍草。为什么用50根？古代易学家莫衷一是。孔子所谓"五十而知天命"，50似与天命有某种神秘联系。

然后，先取出1根蓍草，置之不用。这是何意？也说不清。有人说1表示太极，也有人说这体现了"无用之用"。接下来的整个占筮过程，只用剩下的49根蓍草完成。

第1步，"分而为二以象两"，把桌案上的蓍草随机分成左右2组（象征太极分两仪）。

第2步，"挂一以象三"，从右边这组中取出1根，夹到左手小指与无名指之间（左组、右组与这根蓍草，象征"三才"——天、地、人）。

第3步，"揲之以四以象四时"，把左右2组分别以4根为小组分开（4象征四季）。

第4步，"归奇于扐以象闰，五岁再闰，故再扐而后挂"，把左右2组分小组后剩下的（1~3根）取出，如没有剩下的就把最后一小组的4根取出，分别夹到左手无名指与中指、中指与食指之间（奇即余数，象征闰月，左右2组各有余数象征5年内出现2次闰月）。

以上4步即"四营而成易"，也称为"一变"。

然后，把夹在手上的蓍草放到一旁，置之不用，把剩在桌案上的左右2组蓍草合在一起，重复第1步~第4步。即第二变。

然后，再次把夹在手上的蓍草放到一旁，置之不用，把剩在桌案上的左右2组蓍草合在一起，重复第1步~第4步。即第三变。

这时，剩在桌案上的蓍草"以4根为小组"，会有多少小组呢？可能有4种情况：6小组、7小组、8小组、9小组。即可能得到6、7、8、9中的某一个数。古人认为：6和8是偶数，表示阴；7和9是奇数，表示阳。阴向下，阳向上。6最下，意味着阴将穷极而变，称为"老阴"；8称为"少阴"。9最上，意味着阳将穷极而变，称为"老阳"；7称为"少阳"，见下表。

于是，卦象中的"初爻"就出来了。即"三变成一爻"。

6	老阴	——	变
8	少阴	——	不变
7	少阳	——	不变
9	老阳	——	变

然后，继续用49根蓍草再重复5次上述"三变成一爻"的过程，即可依次得出初、二、三、四、五、上全部六爻，一个完整的卦象就出来了。即"十有八变而成卦"。

知道了这个蓍草占筮的过程，就可以还原重耳当时占筮的情况，先通过下表看他的"本卦"屯卦是怎么出来的。

第6次得到的数字	8	▬ ▬	
第5次得到的数字	9	▬▬▬	
第4次得到的数字	6	▬ ▬	
第3次得到的数字	8	▬ ▬	䷂ 屯
第2次得到的数字	8	▬ ▬	
第1次得到的数字	9	▬▬▬	

这样得出的卦象，就是本卦。

那么，"之卦"豫卦是怎样得出的呢？

前面讲过，6和9代表老阴和老阳，都是穷极将变的，所以，以这两个数得出的爻包含着变化的趋势，本来是阴的将变为阳，本来是阳的将变为阴。

"之"就是前往的意思。彭端淑《为学一首示子侄》中的一句"吾欲之南海，何如"？上表中重耳这次占筮，第1次、第4次、第5次得到的爻象，都是要变的，也就是"变爻"。它们一变，整个卦象就"之"为豫卦了，见下表。

屯		坎，表示水、民众	8不变		震，表示车	豫
			9变			
			6变			
		震，表示车	8不变		坤，表示土地	
			8不变			
			9变			

现在，怎样占筮，怎样得到本卦和之卦，什么是变爻，咱们都知道了。下面，就看怎样来解卦了。

对于重耳占筮的结果，当时专职占卜的筮史都认为"不吉"，而重耳的大幕僚司空季子则认为"吉"。他说：屯卦和豫卦的卦辞中都明白写着"利建侯"，利于建立诸侯，如果不能夺回晋国君主之位，谈何"利建侯"？

屯卦下为震，有车行之象（古代的车行路都是比较颠簸震动的）；上为坎，表示水，有民众之象（水能载舟，也能覆舟）。豫卦上为震，下为坤，坤表示土地。而且，屯有厚积之意，豫有欢乐之意。有车行天下，有民众、土地，有厚德，有欢乐，这不正是国君之象吗？

两个卦象中都有震，震有武之象；屯卦中的坎（表示水）与豫卦中的坤则都有文之象。文治武功皆备，这不也是得国之兆吗？

于是，重耳在秦国的护卫下果断回国。

当时晋国大臣董因到边境迎接，重耳心中还是忐忑不安，便问董因："吾其济乎？"即我能成功吗？董因先从星象上指出能成功，然后又讲：我专门为此占筮，得到泰卦，☷☰卦象上乃是天地交互配享的君主之象，卦辞上则是"小往大来"，此前失位的国君为小，您得位为大，所以您肯定能成功。

果然，重耳顺利接掌晋国成为国君，即晋文公。之后晋文公大展宏图，使晋国成为春秋霸主。

【案例3】晋成公回国即君位：乾之否卦解。

晋灵公被杀后，大臣们把身在国外的晋文公的儿子黑臀迎接回来，拥立为国君，就是晋成公。其间，有人给黑臀占筮，得到本卦为乾，之卦为否。见下表。

乾	———	7不变	———	
	———	7不变	———	
	———	7不变	———	
	———	9变	—— ——	否
	———	9变	—— ——	
	———	9变	—— ——	

当时，对于这个结果，占筮者解读为："配而不终，君三出焉"。"配而不终"是什么意思呢？大致意思如下。

本卦是乾卦，乾表示天，有国君之象，所以，黑臀是可以顺利坐上晋国国君宝座的，这就叫"配"，配得上。

但是，乾卦的初、二、三爻都是9，老阳，都得变，就"之"成了否卦，否是闭塞不通的意思，不通则不久，不久则"不终"，不能得善终。不过，历史上晋成公本人是得了善终的，并且顺利传位给儿子。于是，后人便解读为晋成公的子孙最终要失去晋国，"不终"。最后晋国被赵、魏、韩等家族瓜分。

"君三出焉"是什么意思呢？后人结合史实，理解为晋成公及其继任国君，将有三次"出国"的经历，或者上任前在国外被迎立回来，或者是在任时被迫逃亡出国。晋成公自己算一次；晋厉公被杀后，公子周被从国外接回来，拥立为君，也就是晋悼公，这算第二次；最后一次是晋国开始被瓜分时的国君晋出公被赶出国。

那么，这个"君三出焉"是如何从卦象体现的呢？其实挺简单的，乾卦下面的三爻，由阳变阴，由乾变坤，由君变臣，这就是"出"，三爻就是"三出"。

二、《左传》部分

《左传》中提到《周易》的有20多处，主要是两种情况：一种是引用《周易》的卦爻辞来说明道理；另一种是占筮并解卦。

先来看第一种情况是引用《周易》的卦爻辞来说明道理。

【案例4】世界上到底有没有龙？

《左传》昭公二十九年（公元前513年），有人在晋国郊外看到一条龙。当时晋国的主政者魏献子找手下的太史蔡墨咨询有关龙的问题。蔡墨讲，在大舜帝时，便有专门负责豢养龙的官员，他们的后代就是"豢龙氏"和"御龙氏"，这两个氏族您应当是听说过的吧？在他们的管理下，当时的龙甚至可以给帝王驾车。

可是到了夏代，有一条龙死了，负责的官员把它的肉给夏帝孔甲吃了。孔甲觉得很好吃，就还想吃，这个官员不可能再杀一条龙，就逃跑了。从此豢养管理龙的官员就没有了，世间万物相生相克，一物降一物，能降伏龙的人没有了，于是龙便潜伏隐身了，世上几乎就见不到了。

《易经》乾卦中讲，"潜龙勿用""见龙在田""飞龙在天""亢龙有悔""见群龙无首"，坤卦讲，"龙战于野"都是对龙的描写。

【案例5】曼满无德而贪。

《左传》宣公六年（公元前603年），郑国的两个贵族在一起聊天，其中一个叫曼满的人很有野心，他说自己正在争取一个很高的官位。另一个人叫伯廖，深知曼满的为人，便当面恭维几句，但私下对人讲：曼满无德而贪，正如《易经》丰卦第六爻所讲的"丰其屋，蔀其家，窥其户，阒其无人，三岁不觌，凶"。一味贪得无厌，住着高宅大院，却不知人望尽失，危险将临。果然，一年后，曼满被杀。

【案例6】晋楚更霸之战中的师卦。

《左传》宣公十二年（公元前597年），楚庄王带大军攻打郑国。著名的典故"不鸣则已，一鸣惊人"就是讲这个楚庄王的，他即位后前三年，什么政事都不做，每天胡吃闷睡，三年后则像换了个人似的，迅速地杀掉一批奸臣，任用了孙叔敖等名臣名将，还励精图治，楚国国力大振，从而具备了挑战当时的霸主晋国的实力。

郑国本是晋国势力范围内的小盟国，现在被楚国打，晋国当然要派兵来救，而且必须是精锐大军。可是，当晋军快赶到时，才知道郑国已经向楚国投降了。晋军主帅荀林父就想先撤军，等楚军撤后再把郑国夺回来。其他多数将领都赞成这个决定，认为楚庄王打郑国的这一仗非常高明，贸然与楚国开战没有胜算，应当"见可而进，知难而退"。

但是晋军副帅先縠坚决反对：要是就这样回去，太怂了，晋国作为春秋霸主的面子往哪儿搁？要撤你们撤，我自己打。于是，这个先縠就擅自带着所部晋军渡过黄河，迎战楚军。

这时有个叫荀首的将领指出这支部队危险了。他引用师卦䷆第一爻的爻辞讲，"师出以律，否臧凶"。军队出征必须有严格的纪律约束，要令行禁止，否则将有凶险。同时，他又从卦象的角度指出，师卦上为乾，下为坎，坎表示水，水有顺从之象，代表令行禁止、执事顺成。这第一爻要是变了，坎就成了兑，兑表示湖泽，山川高地把水壅塞起来，就成了湖泽，正是代表了命令不行、不通的意思。总之，军纪有问题，很危险。

然而，荀林父担心先縠若被打败，自己作为主帅难辞其咎，只好硬着头皮带领全军渡河。在接下来的进程里，军纪问题一直困扰晋军。最终，这场战役以楚军完胜告终。几年后，楚国取代晋国成为春秋霸主。

【案例7】游吉以复卦论楚王。

《左传》襄公二十八年（公元前545年），郑国大夫游吉出使楚国。此前在楚庄王、楚共王的统治下，楚国国力强盛，传到楚康王手中，楚康王经常欺负郑国。游吉出使回来，向执政的子展汇报：楚康王快死了。

自楚康王即位以来，不修国政，却贪图别国资源，并且还大举用兵，怎能长久？正如复卦所讲的"迷复，凶"。楚康王想要实现他的愿景，却把他的本给弄丢了，不知何去何从，这就是"迷复"，怎能不凶？您准备一下去给楚康王送丧吧，未来十年，楚国肯定要内乱，咱们终于可以休养生息了。

果然，楚康王当年就死了，继位的儿子四年后被弑杀，之后楚国对吴用兵，再也没精力来侵扰郑国。

【案例8】秦医和论晋平公病蛊。

《左传》昭公元年（公元前541年），晋国的国君晋平公病了。郑国著名的政治家子产前去慰问，并与晋国大臣叔向就晋平公的病情有一番讨论。叔向讲，国君之病可能有鬼神作祟。子产则指出，疾病全因劳逸、饮食、哀乐过度，与鬼神无关。

子产讲，"君子有四时：朝以听政，昼以访问，夕以修令，夜以安身"，该劳作则劳作，该休息就休息，则体气畅达，就不会有病；然后直言晋平公的病应该是因房事无节所致。

不久，晋国请来秦国的名医和，秦医和的诊断为"疾如蛊"。他讲，女色是可以亲近的，但不节、无时就会出问题。而且，"女，阳物而晦时，淫则生内热惑蛊之疾"，因女色过度造成的疾病，既损人体之阳，又损人体之阴，把人体整个的阴阳打乱了，就像在肚子里放入了蛊虫，没法治疗。这正是蛊卦表达的意义：风落山、女惑男。

这里得补充一点，即"八卦是个筐，什么都能装"。只要限制一个范围，那么这个范围之内的所有事物都可以一分为八，分别对应八卦中的某一卦。象数派的易学家们很大的精力都在从事这种"装筐"的工作。

除了以天、地、山、泽、风、雷、水、火对应乾、坤、艮、兑、巽、震、坎、离，最常见的还有因人的不同情况对应的八卦。

☰ 乾为父；	☳ 震为长男；	☵ 坎为中男；	☶ 艮为少男；
☷ 坤为母；	☴ 巽为长女；	☲ 离为中女；	☱ 兑为少女。

为什么这样对应呢？其实挺形象的。中国文字有六书：象形、指事、形声、会意、转注和假借。其中的象形、会意完全可以借用到《易经》的卦象分析中来。震为一阳，而且是第一个阳爻，所以就是长男。巽为一阴，而且是第一个阴爻，所以为长女。这应当就是会意。

那么再看蛊卦：☶☴上为艮，表示少男；下为巽，表示长女——就成了一个成熟女人仰卧于一个幼稚小男生身下的卦象了，因此称为"女惑男"。顺着这个思路，貌似六十四卦就成了一幅不堪的画面。

【案例9】史墨以大壮卦论君臣无常位。

《左传》昭公三十二年（公元前510年），鲁昭公在流亡七年之后，死于晋国。此前，他在与季平子为首的季氏、叔孙氏、孟孙氏三大家族的斗争中失败，被赶出鲁国。之后，鲁国一直由季平子掌控。

针对这种情况，晋国政治家赵简子问幕僚史墨：季氏这样大逆不道，为何鲁国百姓还拥护他呢？而且其他各国诸侯也都承认他？史墨答：季氏家族辅佐鲁国国君有好几代了，这几代国君全都安逸放纵，把治理国家的事全都交给了季氏，而这几代辅政的季氏都勤勉不怠，老百姓早就忘记国君的存在了，客死于外，也无人怜惜。

"社稷无常奉，君臣无常位，自古已然。"江山社稷不是固定归谁家所有的，为君为臣也不是一成不变的。《诗经》所谓"高岸为谷，深谷为陵"，三皇五帝的后人们现在也都是平民百姓。《易经》里震卦凌驾于乾卦之上就是"大壮"☳☰，弱肉强食，优胜劣汰就是天道。所以，"君慎器与名，不可以假人"，国君必须亲自掌控国家的核心资源与权力，不能授权他人。

【案例10】田氏代齐在三百年前被预测。

《左传》庄公二十二年（公元前672年），陈国发生宫廷内乱，陈厉公的儿子陈完逃到齐国避难，并得到当时春秋霸主齐桓公的礼遇和重用。因为古代发音，"陈"与"田"相近，同时也可能出于安全考虑，陈完改姓田，成了田完（所以今天的陈姓与田姓本是一家）。

经过数代经营，田氏成为齐国大族，并逐渐把持国政。公元前481年，田完六世孙田成子弑杀齐简公，立傀儡国君齐景公。田完十世孙田和废掉齐康公，自立为国君，得到周朝天子的册命，继续以"齐"为国号，完成了"田氏代齐"。而此时，田完的故国陈国，已被楚国灭亡100多年了。

田完小时候，有一天，周王室有一位太史带着一套《周易》来见陈厉公，陈厉公就请他给田完占筮一卦，得到本卦为观，之卦为否，第四爻是变爻，对应的爻辞是"观国之光，利用宾于王"。见下表。

观	巽，表示风	7不变			乾，表示天	否
		7不变				
		6变		艮，表示山岳		
	坤，表示土地	8不变			坤，表示土地	
		8不变				
		8不变				

周太史结合爻辞和卦象，认为：田完后世子孙将在异国成为君王。

此卦上为巽，变爻后，巽变为乾，即风变为天，天为君；两卦下面都是坤，表示土地；而且变爻后，天地之间又得出一个艮卦，表示山岳。有山岳之材，又配享天地，所以是君主之象。

风行不居，所以，当成之于异国。

观，有观望、等待之意，所以，应之于后世子孙。

那么，这个异国会是哪个国呢？周太史认为，应当是齐国。因为齐国始祖为姜太公，姜太公是"大岳氏"之后，正与卦象中的艮对应。

不过，周太史指出"物莫能两大"，什么意思呢？《黄帝四经》里有个形象的说法，"戴角者无上齿"，头上长着犄角的动物就没有锋利的獠牙。好事情不能都让一个人占了。所以，当田完的子孙成为异国君王时，陈国肯定已经衰落了。

【案例11】魏国先祖毕万的求职卦。

《左传》闵公元年（公元前661年），晋献公带领大军灭掉几个小国，之后，将魏这个地方封赏给手下的毕万，以奖励他的军功。此后，毕万的子孙以魏为姓氏，逐渐发展壮大，最终在与赵氏、韩氏一起，"三家分晋"成立魏国。所以，毕姓与魏姓也是一个祖先。

毕万本是毕国贵族，毕国灭亡后，到晋国来求职为官，临行前给自己占筮了一卦，得到屯卦，之卦为比。见下表。

屯	坎，表示水	8不变	坎，表示水	比
		7不变		
		8不变		
	震，对应长男、足、车等象	8不变	坤，对应母亲、土地、马等象	
		8不变		
		9变		

占卦者认为：吉。

屯，有巩固之意；比，有亲近融入之意。这说明官可以做稳当，可以得到君主的亲近信任。

而且，屯卦下为震，一爻变，则为坤。前面讲过，震为长男，坤为母亲，意味着得兄长和母亲的护佑。按照前文的"装筐"理论，震还对应人体的足，对应车；坤还对应马（坤卦卦辞中就提到"利牝马之贞"）和土地。足踏大地，车马纵横，这又是公侯之象。

【案例12】鲁桓公给将出生的小儿子季友占筮得大有之乾卦。

《左传》闵公二年（公元前660年），鲁国内乱，鲁闵公被弑杀。大臣季友力挽狂澜，辅佐鲁僖公即位，使鲁国度过危机。

季友是鲁桓公的小儿子，临出生时，龟卜认为：要出生的是个男孩，将来可以辅佐公室。然后用《周易》占筮得大有卦，之卦为乾，见下表。

大有	━━━	7不变	━━━	乾
	━ ━	6变	━━━	
	━━━	7不变	━━━	
	━━━	7不变	━━━	
	━━━	7不变	━━━	
	━━━	7不变	━━━	

占筮者的结论为"同复于父，敬如君所"。这个孩子将和父亲一样尊贵，人们敬重他就和国君差不多。

这个结论可能结合了大有卦第五爻即"变爻"的爻辞，"厥孚交如，威如；吉"。以诚信交接上下，有威望，吉祥。而且，大有卦与乾卦中的乾表示天，有君父之象，离表示太阳、光明，也有尊贵之意。

后来，季友的子孙被称为季孙氏，虽然没有做鲁国的国君，但掌控国政数世之久。

【案例13】晋惠公与秦穆公的两个卦。

前面《国语》部分讲了晋献公受骊姬迷惑，废掉太子，让两个儿子流亡国外，一个是重耳，另一个就是夷吾。《国语》只记载了重耳的占筮，没有提到夷吾的占筮。《左传》里则有两段相关的记载。

在重耳之前，秦穆公首先帮助夷吾回到晋国，成为晋惠公。秦穆公怎么这么乐于助人呢？他当然是有条件的。晋惠公满口答应秦穆公要多少地、要多少银子都没问题。而且，还有一个原因就是秦穆公的老婆穆姬是晋献公的女儿，是夷吾和重耳的大姐，秦穆公和他们是亲戚的关系。长话短说，晋惠公顺利即位之后，与秦国就撕毁协议了。

在这种情况下，当晋国发生饥荒时，秦国照样调用大批粮食帮助晋国人民；而不久后，秦国发生饥荒，晋国不但不帮忙，还要趁火打劫攻打秦国。于是，《左传》僖公十五年（公元前645年），秦穆公亲率大军，大举攻晋。

临行前，占筮得蛊卦——☶☴。

筮者引用卦辞"千乘三去，三去之余，获其雄狐"（今本《周易》卦爻辞无此句）认为晋惠公就是这个"雄狐"，一定能抓获他。而且，蛊卦下为巽，表示风；上为艮，表示山。如今正是秋天，秋风吹过，山上草木皆衰，正是大军横扫晋国之象。

果然，秦军大胜，而且俘获了晋惠公。幸亏姐姐穆姬哭天抹泪地央求，秦穆公经过通盘的政治权衡才没有杀掉晋惠公。成了阶下囚的晋惠公想起当年姐姐出嫁前曾经占筮得归妹卦，之卦为睽。见下表。

			6变		
		震，表示雷、车	8不变	▬ ▬	离，表示火
归妹			7不变		
			8不变	▬ ▬	
		兑，表示湖泽	7不变		兑，表示湖泽
			7不变		睽

当时负责占筮的史苏认为不吉。

他引用归妹卦第六爻的爻辞"女承筐无实，士刲羊无血。无攸利"。意思是男人宰羊，不见流血，女人捧着个空筐也是白忙。而且，睽的意思就是互相厌烦。这个婚姻肯定不好。另外，归妹卦上为震，表示雷，睽卦上为离，表示火，又是雷又是火，还不得天天吵架。震也表示车，车成了火，就是被火烧了。总之不吉。

晋惠公对手下韩简抱怨：要是当时听史苏的不把姐姐嫁给秦国可能就没有这些乱子了。韩简立即引用《诗经》的话奉劝，"下民之孽，匪降自天。噂沓背憎，职竞由人"，意思是人间灾祸并非天降，人生顺逆，皆因自己。

不过，史苏的解卦显然是不准确的，要不是穆姬的帮助，后面可能就没有晋文公称霸的事了，怎能说"不吉"呢？

【案例14】晋文公的勤王之卦。

《左传》僖公二十五年（公元前635年），晋文公刚刚即位一年，他要重振晋国，称霸诸侯，眼前正有一个机会。此前，周王室发生内乱，周襄王的弟弟姬带勾结西戎篡夺王位，周襄王被迫流亡。大臣狐偃建议晋文公"勤王"，去保护国王，平定叛乱，这是赢得诸侯尊敬的好机会。

于是晋文公先用龟卜，得吉兆。

再用《周易》占筮，得大有卦，之卦为睽，见下表。

大有					
▅▅▅▅	离，表示火、日	7不变	▅▅▅▅	离，表示火、日	睽
▅▅ ▅▅		8不变	▅▅ ▅▅		
▅▅▅▅		7不变	▅▅▅▅		
▅▅▅▅	乾，表示天	9变	▅▅ ▅▅	兑，表示湖泽	
▅▅▅▅		7不变	▅▅▅▅		
▅▅▅▅		7不变	▅▅▅▅		

占筮者认为吉。

他指出，大有卦的"变爻"即第三爻的爻辞为"公用享于天子"，您是公爵，周襄王是天子，这正是战役打胜后周襄王设宴款待您的意思。大有卦下为乾，表示天，三爻变之后，乾变为兑，兑表示湖泽。两卦上面的都是离，表示太阳。上天降下身段，以湖泽的谦恭姿态来迎接太阳，正像是战役成功后，周襄王对您的感激。

果然，晋文公的这场战役很成功，名利双收，迈出了称霸诸侯的坚实一步。

【案例15】晋楚鄢陵之战中的复卦。

《左传》成公十六年（公元前575年），晋国与楚国争夺对郑国的控制权，晋厉公与楚共王亲率两军在鄢陵展开大战。晋军一雪20多年前败给楚庄王的耻辱，大胜楚军。这次战役的高潮是两位神射手的对决。一位是晋国将军魏锜，一箭射中楚共王一只眼，使楚军大挫。然后，楚共王召来神射手养由基，只一箭便射中魏锜咽喉，令其当场毙命。

这次战役正式开打前，晋厉公占筮得复卦，卦爻辞为，"南国蹙，射其元王，中厥目"（今本《周易》无此句），意思是，南方的国家（楚国在南）忧戚局促，射中其大王的眼睛。

【案例16】穆姜的随卦。

《左传》襄公九年（公元前564年），鲁成公的母亲穆姜死在了王宫之外的一个小宫殿里。此前，她作为"太后"有一个情夫，这个情夫想利用她实现自己的政治目的，最终事情败露，母子决裂。穆姜只好远离政治，远离儿子，搬进了那个冷清的小宫殿。刚搬入时，穆姜占筮了一卦，得到艮卦，之卦为随，见下表。

艮	⚊	9变	⚋	随
	⚋	6变	⚊	
	⚋	6变	⚋	
	⚊	9变	⚋	
	⚋	8不变	⚋	
	⚋	6变	⚊	

这个卦里有五个变爻，占筮者解卦时没有强调本卦艮的意义，完全从之卦随来分析，认为"随"有走出之意，这个小宫殿不宜居住，应当立即搬出，这样就可以如随卦卦辞所讲，"元，亨，利，贞，无咎"。

此时的穆姜心灰意冷，她对《周易》早有研究，她讲随卦卦辞中的"元，亨，利，贞"是人的四种美德：元代表仁厚长者；亨代表嘉德合礼；利代表利物和义；贞代表贞固干事。这四种美德，我一样也没有，又怎能"无咎"呢？艮卦是停止之意，我就待在这里等死吧。

【案例17】崔武子娶棠姜占得困之大过卦。

《左传》襄公二十五年（公元前548年），齐国执政者崔武子弑杀齐庄公，起因于齐庄公与崔武子的老婆棠姜私通，而且齐庄公很招摇，幽会完了，还捎回崔武子的帽子赏赐给别人。总之，崔武子怒了。一天，齐庄公又偷偷跑到崔武子家里，被埋伏好的武士杀死。之后，崔武子立齐庄公的弟弟为国君，就是齐景公。齐景公对他则一直心怀忌惮，两年后，逼其自杀。

红颜祸水，崔武子若是当年听从占筮者的话，不娶棠姜，可能就没有这个悲剧了。棠姜本是齐棠公的老婆，齐棠公死时，崔武子去吊唁，一下子就被这个一身缟素的美女给迷住了，非要娶过来。幕僚帮他占筮，得到困卦，之卦为大过，第三爻为变爻。见下表。

困			大过
	▬ ▬	8不变	▬ ▬
	▬▬▬	7不变	▬▬▬
	▬▬▬	7不变	▬▬▬
	▬ ▬	6变	▬▬▬

续表

䷮ 困	——	7不变	——	䷛ 大过
	— —	8不变	— —	

　　占筮者认为吉。他的好朋友陈文子则指出，作为变爻的第三爻，爻辞明确写着："困于石，据于蒺藜，入于其宫，不见其妻，凶。"明显就是凶，这个女人不能娶。然而，崔武子不以为然：这个"凶"早已应在她前夫齐棠公身上了，轮不到我的。于是，娶了棠姜。命运就不一样了。

　　那么为什么占筮者认为吉呢？可能因为大过卦爻辞中有老夫娶少妻、枯杨生花的意思。或者只是为了讨好崔武子，顺情说好话而已。

　　【案例18】叔孙豹被竖牛害死。

　　《左传》昭公四年（公元前538年），鲁国权臣叔孙豹去世。这个名字可能很多人不熟悉，但他的那句名言很多人都听过。那是他出使晋国时，晋国权臣范宣子问他：古人有言曰，"死而不朽"，何谓也？他回答：豹闻之，太上有立德，其次有立功，其次有立言，虽久不废，此之谓不朽。这个"三不朽"成为中国历代精英最终极的人生理想。

　　有这样伟大思想的人，晚年却很糊涂。

　　年轻时，叔孙豹曾因事逃亡到齐国，途中与一个女人苟且，并使其怀孕。后来，这个女人找到叔孙豹，并领来了那个孩子。这之前，叔孙豹正好做了一个噩梦，梦中被一个叫牛的人拯救。叔孙豹一见这个孩子，发现他很像梦中的那个人，于是就给他起名为竖牛，以后大加信任。

　　可是这个竖牛非常奸诈，他可能是比较嫉妒两个作为嫡生子的兄弟，所以就设计谗言离间他们跟父亲叔孙豹的关系，结果这两兄弟死的死、逃的逃。最后，叔孙豹病重，竖牛不让别人来看望，并把叔孙豹给饿死了。之后，他拥立叔孙豹的另一个儿子为叔孙氏的宗主，就是叔孙昭子。可是叔孙昭子并不领情，并发动家族人员把竖牛给杀死了。

在叔孙豹刚出生时，他的父亲用《周易》给他占筮，得到明夷卦，之卦为谦。见下表。

明夷		坤，表示土地	8不变		坤，表示土地	谦
			8不变			
			8不变			
		离，表示火、日	7不变		艮，表示山	
			8不变			
			9变			

占筮者卜楚丘的结论为这个孩子会有一段流亡经历，之后会回来继承您的宗主之位，他会亲近一个谗言小人，这个小人名字叫牛，最终他会被饿死。然后他进行了以下说明。

首先，还是从变爻第一爻爻辞入手，"明夷于飞，垂其翼。君子于行，三日不食，有攸往，主人有言"。从这里得出流亡之象和谗言之象。

明夷卦下为离，表示太阳，有公卿之象，又有谦卦之德，所以足以继承宗主之位。

谦卦下为艮，表示山；明夷卦下为离，离也表示火。有大火烧山之象，对应于人事，就是用谗言败坏人。

离卦卦辞中有"畜牝牛吉"。所以，这个以火烧山、以言败人的小人，应当与牛有关。

最后，您作为占筮之主，身份是亚卿，而非正卿，结合这个卦，就是有不足之象，所以，这个孩子最后不能做到完满善终。

【案例19】卫灵公继位之卦。

《左传》昭公七年（公元前535年），卫襄公死了，他只有两个儿子，都是妾生的，所以生前没有确立好接班人。这时，按长幼有序的传统做法，应当哥哥姬孟絷继位，可是这个姬孟絷的脚有残疾。

而且，当时的执政大臣孔文子和另一个大臣史朝都做了一个相同的梦，梦中，卫国的开国先祖姬康叔嘱咐他们要拥立弟弟姬元为国君。于是，孔文子以《周易》占筮立姬元，得到屯卦；又占筮立姬孟絷，得到屯卦，之卦为比。见下表。

屯	▬ ▬	8不变	▬ ▬	比
	▬▬▬	7不变	▬ ▬	
	▬ ▬	8不变	▬ ▬	
	▬ ▬	8不变	▬ ▬	
	▬ ▬	8不变	▬▬▬	
	▬▬▬	9变	▬ ▬	

史朝认为，屯卦的卦辞开门见山，"元亨"分明就是讲姬元亨通，立姬元毫无疑问。

孔文子迟疑："元"应当有兄长之意啊。

史朝答，姬康叔托梦来要我们立姬元，姬元就是长。姬孟絷的卦义要取第一爻变爻辞中所讲，"磐桓，利居贞"，姬孟絷走路不方便，正适合"居贞"，在家里休养，而不适合继位操持国政。而且，占筮与梦相一致，立姬元没问题的。

于是，两人立了只有七岁的姬元为国君，即卫灵公。

【案例20】南蒯叛乱占筮解。

《左传》昭公十二年（公元前530年），鲁国又发生了一次小动乱。当时刚刚接掌鲁国执政大权的季平子手下有一位家臣叫南蒯，他不满季平子，发动叛乱，结果失败逃亡。

在决定叛乱前，他占筮得坤卦，之卦为比。见下表。

	—— ——	8不变	—— ——	
䷁ 坤	—— ——	6变	————	䷇ 比
	—— ——	8不变	—— ——	
	—— ——	8不变	—— ——	
	—— ——	8不变	—— ——	
	—— ——	8不变	—— ——	

变爻为第五爻，爻辞为"黄裳，元吉"。南蒯大喜，拿给好朋友子服惠伯看，问：我要举大事，这个卦你看怎样？

子服惠伯直摇头，说："易不可以占险"，险恶不义之事不可以占筮。如果你占筮的是忠信之事，"黄裳元吉"，当然就是吉兆。黄，是中和之色，表忠信之意；裳为下衣，表谦恭之意；元为诸善之长。现在，你要叛乱，这三德一样都没有，谈什么吉啊，必败。

【案例21】阳虎解卦。

《左传》哀公九年（公元前486年），郑国要给一个权臣封地，可是没地可封，于是就去侵占宋国的土地，结果被宋国打败，引火烧身，情况危急。郑国向晋国求救，晋国执政大臣赵简子先用龟卜，三个卜者都判断：不能救。然后，又用《周易》占筮，占筮者是大名鼎鼎的阳虎。

阳虎也是上篇里南蒯那样的家臣，竟然能把持鲁国国政20余年，跟孔子之间也有一番恩怨情仇，他有一句名言流传至今："为富不仁。"他后来在鲁国权力斗争中败北，逃亡到齐国，最后投到晋国赵简子门下。阳虎占筮得泰卦，之卦为需。见下表。

泰			
	▬▬ ▬▬	8不变	▬▬ ▬▬
	▬▬ ▬▬	6变	▬▬▬▬
	▬▬ ▬▬	8不变	▬▬ ▬▬
	▬▬▬▬	7不变	▬▬▬▬
	▬▬▬▬	7不变	▬▬▬▬
	▬▬▬▬	7不变	▬▬▬▬

（右侧：需）

阳虎从"变爻"第五爻的爻辞"帝乙归妹，以祉元吉。"来分析。

帝乙是商代国君，他的继任者就是著名的亡国之君商纣王。帝乙的长子微子启，因为不是正室所生没有继位。商代灭亡后，微子启被周武王封在宋地，继承商代的祭祀，也成为宋国的开国先祖。而郑国建立比较晚，早期某位郑国国君的母亲就是宋国公主。宋国与郑国之间算是舅舅与外甥的关系。也就是说，"帝乙归妹"正可以理解为宋国国君把妹妹嫁给郑国国君，这个"元吉"是属于宋国的。所以，占筮的结果是宋国占吉，不能出兵与宋国为敌。

关于占筮就讲解这么多，似乎都是很准确的预测，为什么呢？在笔者看来，大多数故事里都可能隐含着政治上的阴谋，可能只是愚民愚众而已，也可能是后人的附会。

从这些占筮的例子里可以看出，解卦是不拘一格的，有侧重卦爻辞的，也有侧重卦象的；有侧重本卦的，也有侧重之卦的。两千多年来，对于怎样解卦，一直没什么定论，正所谓"不传之秘"。不过，如果你有兴趣把这些周代筮例研究透，应当就"思过半矣"。

历代《周易》研究蔚为大观，讲究的是"象、数、理、占"。理，是这本书的中心：人生事理。

象，在讲六十四卦卦名分析时全部都是从象入手。数和占，在本篇也补齐了。

简易预测法

只为给读者提供一些消遣娱乐的游戏，笔者教一个最简易的预测方法。

把一枚硬币向上抛起，自由落地，随机得出一个或正或反的结果，同时做记录。

正面为阳，就在纸上画一个阳爻符号：——。

反面为阴，就在纸上画一个阴爻符号：— —。

如法重复6次，得出6次阴阳符号的记录，从下往上依次排开就得出了《易经》六十四卦中的某一卦。到底是哪一卦？可以对照下面的六十四卦卦画及卦名图查看。此为"本卦"。

在第6次硬币落下时，立即看一下表，记下时间，用这个"时间数"除以6，得到一个余数，即1、2、3、4、5中的一个，没有余数则为6。以此来确定"变爻"。

比如，6次抛硬币结果依次是正、正、反、正、反、反，那么，得到的本卦就是归妹卦☰☰。

如时间是16点29分，可记为数字1629。

$$1629 \div 6 = 271 \cdots\cdots 3$$

余数是3，就表示第三爻为"变爻"。

这样，你想寻求的答案主要就在归妹卦第三爻的爻辞里。可以结合归妹卦辞和大象辞的直译以及笔者对整卦的诠释，还有你自身的情况，认真体会这段爻辞的含义，定能心领神会。

如想再深究，还可以再结合之卦。归妹卦第三爻为变爻，变阴为阳，则之卦为大壮卦☰☰。

之卦也是主要看变爻爻辞，结合卦辞、大象辞等去体会。

以笔者个人经验来看，一般从本卦看当下，从之卦看未来趋势。

这是笔者参照北宋易学大师邵雍的《梅花易数》发明的一个最简易的占卦方法，笔者把它命名为"时象占筮法"。硬币是空间的，取象；时间取数；象、数、时、空都有了。

用这个简易占卦方法最多能占出384种结果，即64（卦）乘以6（爻）的得数。它最大的好处是每次占卦只会产生一个变爻，这样解卦方便。前述周朝人的解卦方法不拘一格，可谓"筮无定法"，不过，凡只有一个变爻的占筮案例，多数以变爻爻辞作为主要解卦依据。这样，小白也能解卦。另外，这也是理解卦爻辞的绝佳方法，只有实际占卦才能真正感受到《易经》语言文字的神奇。

以下为六十四卦卦画及卦名图。

乾	坤	屯	蒙	需	讼	师	比
小畜	履	泰	否	同人	大有	谦	豫
随	蛊	临	观	噬嗑	贲	剥	复
无妄	大畜	颐	大过	坎	离	咸	恒
遁	大壮	晋	明夷	家人	睽	蹇	解
损	益	夬	姤	萃	升	困	井
革	鼎	震	艮	渐	归妹	丰	旅
巽	兑	涣	节	中孚	小过	既济	未济

当然，更神奇的还得从"大衍法"去体会，它最多能占出4096种结果，即64（卦）乘以64（卦）的得数。具体方法在讲重耳占筮时已做过介绍。于是，汉代人发明了比较简单的"小衍法"：用3个铜板（可用硬币代替）捧在手里摇晃一番后，抛在桌案上，这时的正反情况无非有4种，分别对应：6老阴、7少阳、8少阴和9老阳。见下表。

硬币正反情况	象数	爻象
反、反、反	6老阴	━ ━
反、正、正	8少阴	━ ━
正、反、反	7少阳	━━━
正、正、正	9老阳	━━━

　　如法重复6次即可得出卦象结果，也是最多4096种。解卦方法可以参照前面所讲内容。

　　其他占卦的方法还有很多，五花八门，这里不再赘述。

　　世界著名精神分析学家荣格提出一个"共时性"原则，笔者理解就是，一个人在真实世界中的发展，在另一个维度正以另一种形式呈现。比如，看到的是计算机上的一段视频，而这段视频在计算机内部则是完全另外一种形式，然而两者之间又是绝对一致的。

　　从一般的经验来讲觉得准，都是因为在某事发生后，当事者与占卦结果相附会，因为觉得准，所以就附会得很准。很明显这是心理学问题。

　　同样，心理学上有一个"吸引力法则"，这个概念现在很流行。因为占卦时得出一个预测和判断，然后不论你是抗拒它，还是喜欢它，都会"吸引"你向它发展。

　　所以，有唯物精神的荀子讲，"善为易者不占"。越是精通易学的人，越不会给自己占卦的。

　　曾国藩讲，"若作人不苟，办事不错，百姓赖之，远近服之，则神必鉴之佑之，胜于烧香酬愿多矣。"人还是要做好人，做好事，精诚努力。